Petruta Ritter

Zeit der Entspannung

AF281676

PETRUTA RITTER

ZEIT DER ENTSPANNUNG

Impressum

Copyright Petruta Ritter 2022
Lektorat und Satz: Premieren-Verlag, 85110 Kipfenberg (D)
Bildnachweis: I-stockphoto
ISBN 9783756885695

Herstellung und Verlag: BoD – Books on Demand, Norderstedt

Wie eingeengt des Menschen geistiges Areal wäre, wie langweilig die Gemütsstimmungen, gäbe es nicht den kurzskizzierten, komprimierten Humor, die lustigen Gedichte und Kurzgeschichten als kleine Spiegeleien der Seele, in die wir lachend hineinschauen. Die Autorin dieses Büchleins vertritt die Meinung: wer keinen Humor besitzt, der versteht das Leben nicht.

Traum ist die Heimat der unbegrenzten Phantasie.

Phantasie hält den Geist rege.

Ein reger Geist ist die Quelle der Inspiration.

Inspiration ist die nährende Mutter der Kunst.

Kunst ist der Regenbogen der Träume.

Kunst ist eine Blume, die niemals verwelkt.

So schließt sich der Kreis.

Der junge Hochschulabsolvent

Als junger Absolvent der Technischen Universität in Linz war ich auf der Suche nach einer Arbeitsstelle bei einer Firma, die Intensivforschung betreibt, vor allem auf dem Gebiet der erneuerbaren Energien. Da stieß ich auf die Firma „Kronius", deren Entstehungsgeschichte bis ins Jahr 1945 zurückreicht.

Als Vertriebener aus seinem Heimatland Siebenbürgen / Rumänien, begann Hans Wengler, sich in Österreich eine neue Existenz aufzubauen. In einer kleinen Siedlung nahe Linz, in einer halb verfallenen Holzbaracke, die er teils als Wohnbereich, teils als Werkstätte einrichtete, startete er unter primitivsten Bedingungen mit kleinen Reparaturen von Elektrogeräten und dergleichen. Mit Pioniergeist, Fleiß und Zukunftsvisionen erschuf er ein Weltunternehmen, führend gerade auf dem Gebiet der Photovoltaik.

„Gerade richtig", dachte ich und bemühte mich um einen Vorstellungstermin. Die Firma legt Wert auf fundierte Ausbildung, Forschergeist und gepflegtes Aussehen – kein Problem für mich!

Ich bekam umgehend einen Termin, wurde freundlich empfangen und das Gespräch verlief konstruktiv, richtungsorientiert. Ich war in meiner Einstellung zur Firma gefühlsmäßig sicher, dennoch wurde mir gesagt, die Entscheidung würde mir nach weiterer Beratung mit dem Abteilungsleiter per Mail bekannt gegeben. Bevor ich mich verabschiedete, äußerte ich den Wunsch, ob es möglich wäre, einen Termin mit dem Seniorchef zu vereinbaren. Tatsächlich: zwei Tage später wurde mir mitgeteilt, Herr Wengler Senior erwartet mich am Donnerstag um zehn Uhr Vormittag in seinem Büro. Er kannte mich nicht, er wusste auch nicht, wer ich bin.

Je näher der vereinbarte Termin rückte, je neugieriger wurde ich. Der betagte Herr stand kurz vor seinem neunzigsten Lebensjahr – ein hohes Alter für einen überdurchschnittlich begabten und fleißigen Mann, der noch immer im Hintergrund als „Graue Eminenz" agierte (offiziell übergab er seinen Kindern die Firma).

Donnerstag Punkt zehn Uhr öffnete sich die Bürotür, auf deren Hinweisschild schlicht „Wengler Senior" stand. Ich stellte mir vor, von einer Sekretärin gerufen zu werden, doch weit gefehlt: der Chef hochpersönlich öffnete die Türe, ich erhob mich ruckartig von meinem Sessel, ging einige Schritte nach vorn und wartete auf seine Aufforderung. Mit einer

Stimme, deren sonoren Klang von einer milden Stärke durchdrungen war, sagte er: „Kommen sie herein, Herr ..."

„Ohler"

„Ah ja, Herr Dipl.-Ing. Ohler"

„Danke für die Zeit, die Sie sich für mich genommen haben" sagte ich etwas aufgeregt. Sein lockeres, vertrauenerweckendes Auftreten stützte sich zweifellos auf seine Erfolgsgeschichte, jedoch ohne jegliche Überheblichkeit. Eine Haltung, die seinem Gegenüber von selbst Respekt und Anerkennung abverlangte, ohne sich „klein" zu fühlen.

Seine hervorstehenden, dicht behaarten, grau-gesprenkelten Augenbrauen, die er immer wieder hochzog, um den klein gewordenen Augen mehr Raum zu verschaffen, verliehen dem rundlichen, faltenreichen Gesicht eine milde Strenge, einen würdevollen Ausdruck, doch sobald ein Lächeln über seine schmalen Lippen huschte, stellte sich für Augenblicke ein Hauch jugendlicher Überschwang ein, seine Augen blickten fröhlich drein, dann glättete er mit den weißen Fingern den ergrauten, zerzausten Bart, als wollte er der kurz empfundenen Jugend mehr Kontur verleihen. Nachdem er mich bat, Platz zu nehmen, ging er um den großen Mahagonitisch und setzte sich auf den Drehsessel gleich mir gegenüber. Er nahm einen Federfüller in die Hand, spielte damit und schwieg eine Weile. Seine Augen musterten mich aufmerksam, dann begann er zu reden: „Sie können Ihr Glück hier machen, wenn Sie Treue für den Betrieb, Liebe für die Arbeit, visionären Geist und unbändige Neugierde mitbringen – Voraussetzungen, die den Weg zum Erfolg ebnen, gesegnet mit dem Wohlwollen des Herrn", und zeigte mit der rechten Hand auf die Bibel, die auf dem Schreibtisch stand. „Mein Wegerheller" sagte er. In seinen Worten lag Ruhe und Ausgeglichenheit. Eine kurze Stille trat ein. Nur die alte Pendeluhr, die er aus seiner Heimat mitgebracht hatte, tickte teilnahmslos.

Ich dachte, wie bescheiden er geblieben ist, trotz des Erfolges. Aber gerade diese Eigenschaft machte wohl seine stabile Persönlichkeit aus, die auf eine gleitende, aber unverrückbare Art und Weise Anerkennung einforderte.

Der Trafikant

Mir ging aus das Schreibpapier
Geschwind stieg ich ins Auto ein
Und fuhr nach Ohlsdorf zu Herrn Pangerl
Dort wird das Zeug zu finden sein
„Grüß Gott" sagt' ich dem netten Herrn
„Dass' offen habts' es freut mich sehr
Ich brauche dringend Schreibpapier
Ihr habt´s ja zur Genüge hier"
Er schaute mich ganz freundlich an
Nach einer Weile sagt er dann
Mit Taktgefühl und viel Geschick
„Sowas gibt's nicht in der Trafik"
Nach dem ‚Pfiatgott-Gruß' ging ich hinaus
Doch er rief mir nach:
„Das Lagerhaus, dort haben sie solch Allerlei
Schau´n Sie dort geschwind vorbei!"
Ich dacht' im ersten Augenblick
Dort könnt' ich mein ersehntes Glück
Doch finden, und ich fuhr hinaus
den kurzen Weg ins Lagerhaus
Ich warf ‚nen' Blick in das Geschäft
Dann fragte höflich ich den Chef:
„Ist hier auch Schreibpapier vorhanden
In eurem Gemischtzeugladen?"
Verwundert schaut der Herr zu mir
„Wir haben doch kein Schreibpapier
Für den Gärtnereigebrauch vieles, für die
Landwirtschaft auch. Alles gibt's von A bis Z
Aber Schreibpapier, das net'

Die Trafik vom Pangerl, die hat
Schreibzeug auch für Sie parat
Fahren Sie zu ihm gleich los
In fünf Minuten mit dem Geschoss
stehen Sie schon vor seiner Tür
Und dort gibt's sicher Schreibpapier!"
Ich bedankte mich und fuhr
Erneut den gleichen Weg retour
Ein zweites Mal zum Pangerl hin
Kaum zu retten, wie ich bin
Hoffnungsvoll mit scharfem Blick
Die Regale in der Trafik
Schaut' ich an mit Genauigkeit
Und siehe da – am Eck' nicht weit
Stapelweise stand vor mir
Das ersehnte Schreibpapier
Ich sprach ihn an ganz provokant
"Sie haben das Zeug, Herr Trafikant!
Am Eck da, liegt die wunderbare
Von mir so heiß begehrte Ware!"
"Gnädige Frau", sagte er zu mir
"Am Eck' liegt lauter Schreibpapier"
-"Das will ich ja, Sie lieber Herr
Nicht weniger und auch nicht mehr!"
"Oh Gott, ich Narr!", gestand er mir
"Ich hab verstanden ‚Schleifpapier'
Verzeihen sie meinen Sprachdefekt
Ich pflege nur den Dialekt"

Die Eiche – meine Freundin

Eine weite Ebene auf der Erde, mit Getreidefeldern überdeckt, die sich in der sommerlichen Sonne, bis zum Horizont dehnten. Dort und da unterbrachen Baumgestalten die gleichmäßige Landschaft. Doch ein Baum, der am Rande des Weges an einer Kreuzung wie ein Denkmal stand, mächtig, mit zum Himmel gerichtetem Wipfel, dessen kräftige Arme ihm rundherum Halt gaben, überragte alle anderen. Die hundertjährige alte Eiche, deren Stamm von zwei Männern kaum zu umfassen war, machte ich zu meiner Freundin.

Ihre verflochtenen, etwas gewölbten Wurzeln schlängelten sich auf der Erdoberfläche, um dem Betrachter von ihrer festen Verankerung zu überzeugen. Die zahlreichen Zweige wuchsen ineinander zu einer dichten Krone, die ab und zu einige verdorrte Äste zu Boden warf, um im Frühling Platz für neues Leben zu schaffen.

Jedes Jahr füllten sich die Zweige mit unzähligen Früchten, die sich wie kleine Körbchen lautlos zitternd hin und her bewegten, bis sie in der Sommerhitze reiften und zu Boden fielen.

Daneben stand ein Marterl, wo fast immer eine Kerze brannte: ein Herrgottsplatzerl. Gleich unter der dichten Krone verweilte ich des Öfteren in den warmen Sommertagen. Während mein Herz vom Duft der gereiften Weizenfelder berauscht wurde, der Anblick dieses Geschichten erzählenden Baumes wirkte auf mein Dasein wie ein Heilgetränk. Es war der Platz, wo ich Kraft tanken konnte, die ich für das tägliche Leben so notwendig brauchte.

Doch eines Tages, als ich meine Eiche, die ich für meine Freundin hielt, besuchen wollte, fand ich ein Bild des Schreckens; der Gigant war zu einem zerrupften Zwerg geschrumpft; die dicken und dünnen Äste waren verkohlt, der Stamm auseinander gerissen, die uralte Eiche war vom Blitz tödlich getroffen worden.
Aus, vorbei!
Ich werde nie mehr unter ihrer Krone träumen können. Viele Vögel, die in den verwundenen Ästen jahrelang ihre Heimat hatten, müssen woanders Schutz suchen vor der oft erbarmungslosen Hitze der Sonne in den Sommermonaten. Beim Betrachten dieser brachialen Zerstörung empfand ich Angst und Ehrfurcht vor dem Mächtigen da oben; die Traurigkeit schnürte mir den Atem ab und mein Herz drohte zu zerbrechen.

Ein paar verkümmerte Äste mit ihren zackigen Blättern warfen auf dem benachbarten Marterl, das unversehrt blieb, einen schmalen, zitternden Schatten – nur ein Hauch von Leben blieb vom zerfetzten, verbrannten Eichenskelett. Die Blättchen neigten sich zur Mutter Erde, dann wandten sie ihr Gesicht nach oben, sie wiegten sanft hin und her in der leichten Brise, die durch die Luft zog. Die Sonne fiel senkrecht auf die Erde – ich fand keinen Schatten mehr. Ein Schreck durchlief meinen Körper, mir wurde klar, dass ich eine Freundin verloren hatte – unwiderruflich!

In diesem Augenblick beschloss ich, etwas weiter weg von dem verkohlten Stamm eine neue, junge Eiche einzupflanzen. Dieser Gedanke riss mich aus meiner Traurigkeit und am nächsten Tag holte ich aus einem Riesen-wald ein junges, zartes Eichenbäumchen. Ich schuf ihm ein geräumiges Beet in der humus-reichen Erde, setzte es hinein, bewässerte es mit dem Wasser aus einem Fünf-Liter-Kanister, den ich von zuhause mitnahm.

Des Bäumchens dünne Blätter raschelten fein – ich wusste, es würde leben!

Einige Jahre danach war meine kleine Eiche zu einem schönen Bäumchen herange-wachsen. Selbst wenn ich es nicht mehr erleben werde, sie als herrliche, übergroße Eiche zu sehen – es wird sich vielleicht jemand anderer finden, der das Raunen ihrer Blätter deuten, ihre verschlossene Sprache verstehen, ihr pulsierendes Leben spüren kann.

Irgendwann, im Laufe der nächsten hundert

Jahre wird sie genauso mächtig werden, wie ihre daneben zu Erde gewordene Schwester. Möge das heilige Marterl ihr göttlichen Schutz gewähren!

Die einsame Weide

Meine Blicke verloren sich in der Tiefe einer trostlosen Schottergrube, wo noch einige Jahre zuvor ein alter, geschichtsträchtiger Buchenwald die Umgebung prägte. Gerne ging ich in Begleitung meines geliebten Hundes auf dem schmalen Pfad, der sich mitten durch den Wald schlängelte, bis zu einer kleinen Lichtung, wo eine Wasserquelle entsprang.

Wir nahmen uns ausgiebig Zeit, dem raunenden Wald zu lauschen und die frischen Düfte einzuatmen.

Alles nur noch Erinnerung!

Die Gegenwart stimmt mich traurig: Beim Anblick dieser Schottergrube blutet mein Herz.

Doch plötzlich entdeckte ich auf einer steil abfallenden Mauer eine grüne Pflanze, die ich von Weitem nicht richtig einordnen konnte. Bei näherer Betrachtung stellte ich fest, dass es eine zirka fünfzig Zentimeter große Weide war, die der widrigen Umgebung trotzend, mit einem starken Überlebenswillen ausgestattet, ihre zarten Wurzeln durch die kleinen und großen weißen Steine trieb, um nach Feuchte zu suchen. Wie mutig hat sie gekämpft, in dieser feindlichen Welt Wurzeln zu schlagen, wie genügsam sie lebte, fest entschlossen, eine große Weide zu werden.

Mit schwerem Herzen verließ ich das kleine Bäumchen, mit dem bangen Gedanken, sie könne verdursten. Die unbarmherzige Julihitze machte sogar meinem gut bewässerten Garten zu schaffen: unweigerlich fragte ich mich, was aus der kleinen Weide werden wird, wenn ihre zarten Wurzeln in den locker sitzenden Steinen in die Tiefe stürzen.

Dieser Gedanke ließ mich den ganzen Tag und auch in der Nacht nicht mehr los: ich musste die Weide retten. Am nächsten Tag beschloss ich, sie aus der steilen Mauer loszureißen und ihr an der Südseite meines Gartens einen würdigeren Platz zu geben; ihren grünen Stamm wachsen zu sehen, ihren raschelnden Blättern zu lauschen, mich an ihrer üppigen Gestalt zu erfreuen. Aber die Mauer war steil und die Bergung gefährlich. Die Hundeleine könnte hilfreich sein. Ich machte eine Schlaufe und warf diese einige Male auf einen dünnen Ast der kleinen Weide, bis die Schlaufe endlich Halt fand. Vorsichtig zog ich sie zu und mit viel Gefühl, aber vor allem mit viel Geduld, zog ich so lange hin und her, bis sich die kleine Weide aus dem heißen Gestein loslöste. Einige Wurzeln blieben zurück, doch ich war zuversichtlich, dass die wenigen Krallen, die noch an ihren Füßen hingen, ausreichen würden, um sich in einer gut bewässerten Erde festzuhalten, um dann weiter zu gedeihen.

Zwischen Zuversicht und Bangen betreute ich das kleine Pflänzchen tagelang, aber die Blätter, die sie in ihrer alten Heimat trug, fielen alle ab. Ich war traurig, aber ich hörte nicht auf, es weiterhin zu bewässern und zu hoffen, dass es überleben würde.

Eines Tages sah ich zarte Knospen an der Stelle, wo die Blätter abgefallen waren; mit jedem Tag wurden sie größer, bis dann aus den kleinen Knospen winzige hellgrüne Blättchen hervorkrochen.

Nun wusste ich: die Weide lebt! Sie begann zu wachsen – ich hatte sie gerettet. Sieben Jahre sind seitdem vergangen. Heute ist sie eine stolze Weide und Tagesbehausung unzähliger Vögel, die sich gerne auf ihren leicht biegsamen Ästen hin und her schaukeln lassen. Ich schaue gerne hin und erfreue mich ihres Daseins.

Die Frauenrunde

Heut wie dazumal bei einem Gläschen Wein
In einer Frauenrunde soll man sein
Um zu erfahren, was die Welt bewegt
Nachdem man schon getrunken ein Glas Sekt
Sie sind gut informiert und gern bereit
Ihr Wissen zu verbreiten, jederzeit
Da meint die Frau (ihren Namen nenne ich
nicht)
„Stellt`s Euch vor, was alles so passiert
Mein Nachbar – sonst bedacht auf hohe Ehre
Hat mit der Kellnerin eine Affaire
Und das seit langem, in seinem Weinlokal
Nicht zu begreifen – ein Skandal
Die arme Ehefrau, sie weiß es nicht
Dass er – der Schuft – fortdauernd sie betrügt"
Daraufhin sagt die Sissi: „Bitte sehr
Solche Fälle gibt´s wie Sand am Meer
Mit der Moral heut ´ist es aus
Im sogenannten guten Haus"
Dazwischen funkt die Herta: „Ich könnte
schwören
(Sie kann sogar das Gras beim Wachsen
hören)
Dass auch der Herr Direktor von höherer
Gesellschaft
Hat mit der Sekretärin
Eine geheime Liebschaft"
Die Neugier steigt rapide
Die Spannung immer größer

Denn sie weiß nicht nur alles
Sie weiß alles besser
Sie lässt uns wissen – für ihren Herrn Gemahl
Nur sie alleine ist die allererste Wahl
Seine Treue kann sie leicht belegen
Dafür würde sie die Hand ins Feuer legen
Dieses Mal gewiss nicht ohne Spott
Sogar die Vroni meldet sich zu Wort
Zur Vorsicht und bedacht die Gute mahnt
„Sei auf der Hut, Du Herta, verbrenn Dir nicht
die Hand"
Entrüstet Herta über die Vroni-Frechheit
„Hast Du mit Löffeln gegessen die
Gescheitheit?
Kehr den Dreck zuerst vor Deinem Haus
Bei Dir hält´s nicht einmal Dein Fritzi aus
Du bist ja nie daheim
Was die viele Rede hin und her
Du schläfst im 1. Stock, er im Parterre
Und überhaupt geht herum die Rede
Dass Du ihn hättest gern unter der Erde"
Das war der Herta zu viel des Guten
„Was Vernünftiges kann ich Dir nicht zumuten
Dein Geschwätz kann ich nicht hören länger
Du übertriffst sogar die Gerti Sänger"
Und so kommt fast jede in der Runde
Zu plaudern zumindest eine Stunde
Man redet alles, was das Zeug nur hält
Über den lieben Gott und diese Welt
Doch das liebste Thema ihnen schien
Die Leute durch den Kakao zu ziehen

Und als Moralapostel aufzutreten
Als eigene Meinung nur hätte zu gelten
Aber Hand aufs Herz
Wer hat schon nicht einmal
Nicht ganz so ernst genommen die Moral
Und so gesehen es ist doch kein Desaster
Allzu menschlich ist ein kleines Laster.

Die Kräuterfrau

Schleichend durch den Buchenwald
Eine rostige Gestalt
Eingeschrumpft, die Haare grau
Keuchend durch den Morgentau
Kam daher die Kräuterfrau.
Blickend durch den Gottesgarten
Auf zahlreichen Pflanzenarten
Die jede in sich verstecke
Eine wahre Apotheke.
Sie als alte Kennerin
Kräutermedizinerin
Aus purer Leidenschaft
Sorgfältig und gut durchdacht
Fand sie für jedes Gebrechen
Das des Menschen Kräfte schwächen
Ein Heilmittel der Natur.

Mit welchem Kraut das Augenleiden
Lässt sich meiden?

Und welches das Lungenkeuchen
Kann verscheuchen?
Welche Krautsorte
Rheuma lindern konnte?
Gegen Ohrensausen
Gegen Kopfentlausen
Ob sich wird was finden
In den Baumesrinden?
Ob etwas gedeiht
Gegen Herzensleid?
Welche Pflanzenblüte
Erhellt das Gemüte?
Welche Blätter munden
Für des Magens Wunden?
Gibt es ein Rezept
Für Grippalinfekt?

Doch ein Mittel es gibt
Das allerseits beliebt
Es macht die Männer froh
Stärkt die Libido
Das schöne Geschlecht
Findet das nicht schlecht
Doch was das ist genau
Weiß nur die Kräuterfrau.

Herrgott vergaß nur eins
Ein Kraut gegen Dummheit
Daher sie kann gedeihen
In grenzenloser Freiheit
Soll Gott ich es übelnehmen?

Sein Fehlverhalten?
Ach was – zu viel Gescheitheit
Auch schwer ist auszuhalten.

Echte Liebe niemals stirbt

Die Liebesgeschichte zwischen Lorena und
Roland begann vor dreißig Jahren in Berlin, als
die jung verheiratete Frau sich in den zehn
Jahre jüngeren Roland verliebte. Flammende
Sehnsucht, leidenschaftliche Herzensstürme,
herrliche Wachträume, all diese gewaltigen
Gefühle, die verborgen bleiben mussten,
zermürbten ihre Seele. Doch eine Liebe will
zum Licht, will sich der Welt offen und rein
zeigen. Gefahren, die an jeder Ecke lauerten,
da ihr Mann noch nichts davon ahnte – aber
weglaufen wollte Lorena nicht mehr. In
solchen Momenten hatte sie das Gefühl, die
Wirklichkeit vom Traum nicht mehr unter-
scheiden zu können, jeder Augenblick dieses
Zustandes fügte ein Quäntchen Glück mehr
dazu, sie musste sich eingestehen, wie sehr sie
Roland liebte. Doch die Untreue seiner Frau
blieb Albert nicht verborgen.

Die durch Fakten belegte Untreue (Albert ließ
seine Frau wochenlang von einem Detektiv
beschatten) konnte und wollte Lorena die
Situation nicht leugnen. Albert musste sich eine

Menge Mühe geben, die Standhaftigkeit zu bewahren, jedoch seine zornerfüllten Blicke trafen Lorena wie Messerstiche, wenn er auch gleichzeitig verspürte, wie seine Liebe zu ihr größer wurde, mehr als sein Herz ertragen konnte. Alle beide litten schrecklich, es begann ein Kampf der Gefühle, der in seiner Intensität masochistische Züge annahm.

Der zwanzig Jahre ältere Albert war gut aussehend, eine imponierende Persönlichkeit, beruflich erfolgreich, von einer tiefen Leidenschaft durchdrungen und gerade das ließ ihn die Qualen der Enttäuschung noch stärker spüren. Zugleich war er ein zäher Kämpfer, der die Schwierigkeiten des Lebens als Stufen zum Erklimmen sah, er war mit allen Sinnen lebendig, daher kannte er keine Halbheiten;

Ein Mann der Taten und weniger der Worte.

Ein Jahr verging.

Ein Hauch von Normalität breitete sich über das Eheleben von Albert und Lorena. Rolands Versuche, Lorena doch für sich zu gewinnen, blieben ergebnislos. Durch mehrere Ortswechsel, bedingt durch Alberts beruflichen Weg, verlor Roland jede Spur zu seiner Geliebten. Gelegentlich fühlte sich Lorena von einer düsteren Schwermut umgeben, doch sie bemühte sich geradezu heroisch, die Erinnerung an Roland als abgeschlossenes Kapitel zu betrachten.

Das Ehepaar machte sich in Linz sesshaft. Endlich konnte Lorena sich ihrem lang umher getragenen Wunsch widmen, dem Schreiben. Bis das Schicksal anders entschied – Albert wurde schwer krank, ohne Aussicht auf Genesung. Nach zwei Jahren schweren Leidens, als Lorena vom Einkaufen nach Hause kam, fand sie ihren Mann leblos und blutüberströmt auf dem Sofa. In der rechten Hand lag sein Revolver, mit dem er seinem Leben ein Ende setzte.

Wiederum keine leichte Zeit für Lorena.

Willensstark beschloss sie während dieser Zeit ihren Schmerz zu überwinden, statt schweigend sich in sich zurückzuziehen oder gar den Grübeleien zu verschreiben. Warum sollte sie mit gebrochenem Herz herumsitzen, sich der Einsamkeit hinzugeben, so entschied sie, sich neu zu orientieren und so vertiefte sie sich noch mehr ins Schreiben, erweiterte ihren Freundeskreis, jedoch ohne sich davon abhängig zu machen.

Ihr Leben nahm wieder seinen Lauf, wenn auch nicht ganz ungetrübt – Alberts Flucht, auf so gemeine Art, tat weh.

Ein halbes Jahr nach dem Tod ihres Mannes:

An einem Donnerstagnachmittag, einen Tag vor dem Heiligen Abend, klingelte das Telefon. Es meldete sich eine Männerstimme:

„Lorena, hier spricht Roland. Durch abenteuerliche Wege erfuhr ich deine Telefonnummer. Ich freue mich riesig, dich erreicht zu haben."

Da Lorena noch immer nicht richtig realisieren konnte WELCHER Roland das war, fragte sie noch einmal nach seinem Namen.

„Mein Gott, Roland, warte, ich muss mich hinsetzen; Wo bist du, was machst du, was hat dich veranlasst, mich nach siebzehn Jahren anzurufen?"

Roland brachte sie aus der Fassung. Er wollte sie treffen und mit ihr reden. Lorena sagte zu. Am nächsten Tag fuhr er von Graz nach Linz, wo sich die beiden in einem Gasthaus am Pöstlingberg trafen. Der Ehering an seinem Finger machte ihr klar, dass er verheiratet war – unglücklich verheiratet – wie sich später herausstellte.

„Ich wollte dich unbedingt sehen, meine Liebe", und gab der Lorena einen innigen Kuss auf den Mund. Eine Mischung aus Glück und Erleichterung war bei Ihm nicht zu übersehen.

Am liebsten hätte er sein Wiedersehensglück laut in die Welt hinausgeschrien, aber das hätte zu seinem Verhalten nicht gepasst.

„Die ganze Nacht malte ich mir aus, das Treffen mit dir; was würdest Du sagen, ob Du mich noch attraktiv findest, Zweifel und Hoffnung nagten an meine Seele."

Auch Lorena verspürte ein freudiges Prickeln im Herzen. Roland hatte sich nicht viel verändert, er sah aufregend aus, am liebsten hätte sie die Welt umarmen können, ihr laut kundgeben wie glücklich sie ist.

Ohne lange zu zögern, nachdem die überschäumenden Gefühle sich etwas legten, mit etwas Schuld beladenen Blicken, begann Roland von seiner komplizierten Situation zu erzählen.

„Liebste, ich bin seit zwei Jahren verheiratet und habe einen 3 Jahre alten Sohn. Meine Ehe ist total zerrüttet. Ich werde mich scheiden lassen, so schnell wie möglich. Du verdoppelst meine Kraft dazu. Ich will mit dir, mit der Frau, die ich liebe, das Leben neu beginnen."

Lorena sah ihn wie hypnotisiert an und konnte dazu kein Wort sagen.

„Dem Schicksal kann ich nicht entkommen", dachte sie und ließ sich von des Wiedersehens

Glück betäuben. Im Moment war sie nicht in der Lage, etwas anderes zu machen.

Roland hielt sein Versprechen und teilte seiner Frau mit, er wolle sich scheiden zulassen.

In einer übereilten Reaktion sei es verletzter Stolz, sei es Wut gewesen, willigte sie sofort in die Scheidung ein. Nach drei Wochen hasserfüllter Zeit, wurde die Ehe geschieden.

Seine geschiedene Frau drohte ihm, mit dem dreijährigen, gemeinsamen Sohn in ihre ursprüngliche Heimat zurückzugehen. Der Angst, seinen Sohn nicht mehr sehen zu können, hielt er nicht stand und er kehrte zu ihr zurück, um die „unbeschwerte" Kindheit seines Sohnes zu bewahren.
Ein loderndes Feuer wurde augenblicklich zu Asche!

Am letzten Tag des Abschieds - Roland saß im Wohnzimmer von Lorena - herrschte beklemmende Stille, die nach Reden schrie. Mit Augen nass von Tränen und kraftloser Stimme, unterbrach Roland die Stille.
„Lorena, ich liebe dich, aber ich liebe auch meinen Sohn, gib mir Zeit".

Und ging im Taumelschritt zu seinem Auto. Lorena wirkte unbeteiligt, als ob es gar nicht um ihr Glück ginge, mit einem Mal wurde schien das ganze Geschehen irreal.

Befand sie sich in einer Schockstarre? Kein Wort kam aus ihrem Mund, Ihre Augen hatten keine Träne, das Herz rebellierte nicht.

Tag um Tag verging, sie schüttelte den Kopf über sich selbst, wie sie die Trennung von dem geliebten Mann so emotionslos hinnahm. Roland ging zurück den schwersten Weg, sie dagegen blieb auf dem gleichen Weg wie zuvor. Sie musste zugeben, dass sie gelegentlich zu Gott betete, dass ihr dieser Zustand erhalten bliebe.

Das Leben nahm seinen vorbestimmten Lauf und Lorena arrangierte sich mit dem Schicksal so gut sie konnte. Von Roland hörte sie gar nichts, die Vergangenheit wurde mit dem Schleier des Vergessens oder des Verdrängens zugedeckt.

Vierzehn Jahre später:
Lorena befand sich gemeinsam mit zwei Freundinnen, Birgit und Ines, in einem Kaffeehaus. Sie wollte ihnen ein paar Fotos zeigen, die sie bei einem Ausflug nach Wien gemacht hatte. Da sah sie auf dem Handydisplay eine ungelesene Nachricht. Sie überflog den Text, den sie nicht richtig einordnen konnte:
„Liebste Lorena! Vierzehn Jahre ist es her und es verging kein Tag, an dem ich nicht an dich gedacht habe. Ich würde dich gerne treffen. Meine Liebste, darf ich dich anrufen? Ich will

dir noch sagen, dass du die einzige Frau warst und bist, die mir wirklich etwas bedeutet hat und noch immer bedeutet. In Hoffnung, Roland."

Lorena dachte, das Ganze es sei nur ein Scherz, jemand hat sich in der Adresse geirrt und die seltsame Nachricht war für sie vergessen.

Einige Stunden später, bekam sie noch eine E-Mail von Roland.

„Liebste Lorena,

ich habe mich gemeldet, weil ich es nicht wahr haben wollte, dass mein Leben so weiterläuft, ohne Dir meine Liebe noch einmal zu gestehen.

In all den Jahren habe ich Deinen Namen tausende Mal geschrieben, denn ich habe ihn bei meiner wichtigsten Datei als Passwort gewählt. Ich weiß nicht, warum, vielleicht fühlte ich mich näher bei Dir.

Ich weiß nicht, wie oft ich auf deiner Home-page war, und Deine Aktivitäten verfolgte.

In einem Radiointerview sprachst Du von einer Bereitschaft für eine neue Beziehung, danach fuhr ich in Abständen zwei Mal an Deinem

Haus vorbei, um zu sehen, ob Du noch alleine bist.

Dein Gedicht ‚Erzähl ihm' hat mich auch ermutigt, mich zu melden.

Ich sah es als Zeichen und hoffte immer wieder, dass Du es nicht eines Tages von Deiner Homepage nimmst. Ich möchte Dir sagen, es gab und gibt keine Frau in meinem Leben, die mir mehr bedeutet hat als Du.

Ich möchte Dich nur sehen, und mit Dir ein bisschen Spazierengehen, denn schreiben so wie Du kann ich nicht.

Ich umarme Dich mit Emotionen

Roland".

Also, die Zeilen, die sie auch am Handy bekommen hatte, waren echt, Roland hatte sich wieder gemeldet.

Sagte er doch beim Abschied; „Gib mir Zeit...". Zeit, die mittlerweile 14 lange Jahre zählte, ohne jedes Lebenszeichen.

Verwirrende Erinnerungen, chaotische Gedanken, den noch existierenden Hass des

Verlassens, all diese Gemütsaufwühlungen lösten in ihr eine schreckliche Unruhe aus, war sie doch der Meinung, dass sie im Geiste den letzten entscheidenden Schritt, mit der Vergangenheit Frieden zu schließen, gemacht hatte. Doch nun war sie ihrer nicht mehr sicher.

Die leblos geglaubte Vergangenheit stieg kometenartig an die Oberfläche.
„Was war denn los mit mir? Was soll ich nun machen?", fragte sie sich gedanklich verwirrt.
Die wieder aufgetauchte Sehnsucht nach Zärtlichkeit, die Sie nur von ihm kannte, wurde so unermesslich groß, dass Sie mit ihm noch am selben Tag telefonierte.
Zwei Tage später lagen sich beide in den Armen, beide nach Liebe durstend. Sie hielten sich fest wie zwei Ertrinkende und konnten ihr Glück kaum fassen.
Es folgte eine kurze, leidenschaftliche Zeit des Glücks, doch das Schicksal schlug noch einmal unbarmherzig zu.
Es war an einem warmen Frühsommertag. Lorena befand sich im Garten und zupfte an den Blumen herum. Das Handy sendete ein kleines Signal - es war eine WhatsApp von Roland.
Für Lorena waren diese kurzen Nachrichten die schönsten Augenblicke des Tages.

„Liebste, ich habe noch ein einige Dinge zu erledigen, auch das gute Brot, welches Du so gerne isst, kaufen, und gegen 17 h werde ich bei Dir sein. Ich freue mich sehr, Dich in meine Arme zu schließen, Dir zu sagen, dass ich Dich für immer liebe".

Die Uhr zeigte weit nach 17 h, und Roland war noch immer nicht da. Kein Anruf, keine Nachricht - auch ihre telefonischen Versuche, ihn zu erreichen, blieben stumm.
Nun musste sie alle seelischen Kräfte bündeln, um den Verstand nicht zu verlieren.
Sie rief seine Schwester Regina an. Auch sie wusste keine Antwort. Lorena machte sich Vorwürfe, ob es nicht besser gewesen wäre, mit dem Anruf zuerst abzuwarten. Regina sagte ihr, sie wird alles in Bewegung setzen, um herauszufinden, was mit Roland geschehen war.
Stunden vergingen, und jede Stunde hatte die Dauer einer Ewigkeit, so empfand Lorena.
„Ich liebe dich für immer", sinnierte sie in ihrer Verzweiflung!

Plötzlich klingelte das Telefon. Die Spannung drohte ihr, die Brust zu zerreißen. Wie ferngelenkt drückte sie auf die Antworttaste; Es war Regina.

„Ronald ist tot. Er starb auf dem Weg zu Dir, bei einem Autounfall, ohne sein Verschulden." Warum musste das passieren? Warum mussten wir so erbärmlich wieder getrennt werden?

Lorena wollte weinen, aber die Tränen blieben aus.

„Für eine Weile, Dein Atem streifte mich
Vorüberziehend wie ein leichtes Beben
Ein warmes Lüftchen mein Gesicht durchstrich
Hast Du gesagt ‚Ich liebe Dich'?
Ach Traum, wie bitter Du verwirrst mein Leben."

Deine Lorena

Ein nettes Ehepaar

Ein nettes, nicht mehr ganz so junges Ehepaar
Ging spazieren
In einer Frühlingsnacht es war
Der Duft der ersten Blumen
Des Abends sanfte Stille
Allein, versteckt und schüchtern
Sang leise eine Grille.

Es schien, als wär die Erde
Dem Himmelreich so nah
Auf diesem Bild des Zaubers
Die Jugendzeit sie sah
Verliebt wie einst die Dame, ihm flüsterte:
„Du mein, es ist so schön wie damals
Nicht wahr?" – „Kann sein"

„Erinnerst du dich Liebster
Das rauschende Meer, der erste Kuss"
„Schön möglich
Genau weiß ich es nicht mehr"
„Und deine Liebesschwüre
Du warst zu mir so nett"
„Komm, gehen wir nach Hause
Es ist schon ziemlich spät".

Elviras Rückkehr in das Heimatdorf

Wie lange ist es her, als Elvira ihr Heimatdorf verließ – zwanzig, dreißig Jahre?! In dem Augenblick spielten diese Zahlen keine Rolle mehr für sie. Ihre Eltern lebten nicht mehr, jedoch das Haus, in dem sie ihre Kindheit verbrachte, stand noch, einsam und verlassen, auf dem mit Akazien- und Maulbeerbäumen umgrenzten Grundstück, in einer Hanglage. Einzig der Brunnen mitten im Hof sprudelte sein ewiges Nass.

Elvira kann sich noch gut erinnern, als der Brunnen ausgegraben wurde; bis zu einer Tiefe von fünfzehn Meter ging die Bohrarbeit. Es war die erste private Wasserquelle im Dorf, jedoch ihre Eltern hatten nichts dagegen, wenn auch die Nachbarn mit Trinkwasser versorgt wurden. Doch mittlerweile stellte sie fest, dass fast alle Dorfbewohner eigene Wasserquellen hatten, teils davon sogar mit Anschluss bis ins Haus. Das Dorf hatte Elvira vor vielen Jahren leichten Herzens verlassen, zu Gunsten des Großstadtlebens in Temesvar, wo sie sich eine vielversprechende Zukunftsperspektive erhoffte. Nun sah sie das Landleben mit ganz anderen Augen. Die Betrachtungsweise der Dinge hatte sich verschoben. Vor ihr zeigte sich ein großzügiges Bild, mit offenen Möglichkeiten an die moderne Zeit anzuknüpfen, ohne die Konturen des Ursprungscharakters zu verwischen.

So ging sie den leichten Hügel hinauf, getragen von einer Herzensseligkeit, die eine Erinnerungslawine auslöste; ein Traum mit Zauberwirkung und sie hoffte, in diesem Zustand länger zu verweilen; ein kleines Paradies, das sie in der Jugend so oft betrat, ohne den Wert dieses Reichtums schätzen zu können, da all dies eine Selbstverständlichkeit ihrer Zeit war. Als Kind macht man sich darüber kein Kopfzerbrechen.

Ein alter Mann ging vorbei, In der Hand trug er eine Korbflasche gefüllt mit Wasser aus der „heiligen Quelle", die so lange existierte, solange sich die Menschen im Dorf erinnern konnten. Es war ein sprudelndes Kristallwasser mitten auf dem Feld, dessen heilende Wirkung bei den Dorfbewohnern unumstritten war, da angeblich oder tatsächlich viele Menschen mit Magenleiden davon geheilt wurden. Er grüßte sie ehrerbietig und war erstaunt, dass so eine „Doamna" - sprich Dame – in diese, für ihn langweilige Gegend interessiert blickte. Als er näher bei ihr vorbei ging, schien ihm, sie zu erkennen und dennoch fand er nicht den Mut, sie anzusprechen und ging seinen Weg weiter, mit dem Gedanken beschäftigt, ob die Frau, der er soeben begegnet war, nicht die Elvira war, deren Eltern er selbstverständlich kannte. Elvira verweilte eine Zeit lang an der „heiligen Quelle" und sinnierte vor sich hin, wie wichtig es war, die Heimat zu verlassen, um diese dann später wieder neu zu entdecken.

Ihr Eheleben in Temesvar endete mit dem Ableben ihres Ehemannes Robert, ein erfolgreicher Unternehmer, der ihr ein kleines Vermögen hinterließ. Da die Ehe kinderlos blieb, entschied sie sich, die Firma zu verkaufen. Der Wunsch nach Großstadtleben war gesättigt. Sie war von dem Besuch in ihrem Heimatdorf ergriffen. Sie schwelgte in Jugenderinnerungen. Nach einer Weile stieg sie von der Hangquelle herab ins Tal, beim halb zerfallenen, verlassenen Elternhaus vorbei, Richtung Kirche, die mitten im Dorf stand.

Wie unverändert diese Zeit stehen geblieben ist, wie eine strahlende Ikone mit Reinigungskraft; wie groß und beständig das Glück, welches die Vergangenheit bewahrt, solange das Herz schlägt, in dem es beheimatet ist - ein unverrückbares Fundament der ganzen Daseinsdauer.

Auf dem Weg durch das Dorf stellte sie fest, dass die Schule, die seit „Bojaren Zeiten" existierte, sehr renovierungsbedürftig war, dass die Kirche ein neues Dach bräuchte und dass eine Erste-Hilfe-Station fehlt. Es gab viel zu tun.

Im selben Jahr entschied sich Elvira, auf dem Grundstück ihrer Eltern das verfallene Haus abzutragen und ein Neues für sich erbauen zu lassen – Arbeitskräfte gab es genug im Dorf. Weiter entschied sie sich, die Kosten für die Renovierungsarbeiten an der Schule zu übernehmen, ohne die alten Baustrukturen zu verändern, die in der umgebenden Landschaft verwurzelt waren. Wie groß das Staunen der Menschen war, wie erfreulich sich für die kleine Gemeinde Elviras Vorhaben auswirkte, ist leicht vorstellbar. Einen größeren Segen für dieses nicht gerade mit Reichtum gesegnete Dorf konnte es nicht geben.

Ein Ereignis – gewählt aus meiner Lebensbiographie

... Die Tage verflossen wie Schatten, aus Verzweiflung wurde Wut und schließlich lähmte ein Gefühl der Ohnmacht unser Leben. Ich bekam zwar nicht alles mit, was meine Eltern miteinander redeten, jedoch so viel verstand ich schon: es gab kein Entkommen mehr, die zwanghafte Kollektivierung dehnte sich wie ein Buschfeuer übers Land aus und jede Gegenwehr hätte das Unheil noch mehr verschlimmert. An einem Freitag Ende November wurde unsere Geduld erneut auf die Probe gestellt. Ich weiß deswegen, dass es ein Freitag war, denn die Mutter war gerade beim Brot backen. Einmal in der Woche, und das war eben freitags, backte sie in einem aus Lehm gebauten Backofen köstliches Brot für die ganze Woche. In Blechbackformen, die mit Fett eingerieben waren, legte sie den weißen Teig, zopfförmig geflochten und schob sie in den Ofen, der vorher mit Holz beheizt worden war. Das Brot schmeckte himmlisch gut, dazu warme Milch und das Frühstück war mit Reichtum gesegnet.

Der Vater befand sich an diesem Freitag irgendwo auf dem Hof, denn es gab überall genug Arbeit. Das Gebell der Hunde hatte unsere Aufmerksamkeit erregt, denn beim Tor standen zwei Männer. Jeder der beiden hatte eine schwarze, altmodische Aktentasche in der Hand, versehen mit einer plumpen Druck-schnalle. In den Taschen, wie sich bald herausstellte, befanden sich irgendwelche Formulare, die ich nicht näher beschreiben kann, denn ich beobachtete das Geschehen aus der Entfernung. Es waren nicht dieselben Männer, die vor einigen Wochen bei uns aufgekreuzt und eine Lawine von Ärger, Verzweiflung und Unheil über uns gebracht hatten. Sie begrüßten den Vater zwar freundlich, jedoch hinter dieser Fassade verborg sich das Böse. Der Vater, der inzwischen resignierte, bewegte sich wie ein ferngesteuerter Roboter zu den Männern hin, seine Stimme war dumpf und er wirkte am Gespräch unbeteiligt. Die Mutter kam auch dazu und sie gingen alle vier in die Küche. Dort mussten meine Eltern etwas unterschreiben. Es war der vom Kommunismus hoch gepriesene Eintritt in das sogenannte Kolchos, damit wurde unser steiniger Weg besiegelt. Nun, als Mitglieder dieser verdammten Institution mussten wir all unsere Güter hergeben - sprich Enteignung - denn das Ideal der Kollektivierung war „alles gehört allen".

Ein verlogenes, unfähiges System wurde uns aufgezwungen, das in den folgenden Jahren zu einer totalen Verarmung der Menschen führte. 50 Jahre lang litt ganz Osteuropa unter den Repressalien dieses menschenverachtenden Systems. Aber damit haben sich manche Historiker beschäftigt, daher möchte ich nicht ins Detail gehen. Am nächsten Tag, nachdem die Eltern „aus Überzeugung" Mitglieder des Kollektivs wurden, mussten sie all unsere Güter zu einem Sammelplatz ins Dorf bringen. Es war der Platz, wo sich später der Sitz der Kollektivfunktionäre etablierte. An der Sammelstelle trafen sich einige Menschen aus dem Dorf, die sowieso nichts herzugeben hatten. Die Funktionäre des Bezirks waren auch dabei, doch der Vater erschien ohne Pferde, sie waren längst verendet, was keiner dieser Fremden wusste.

„Ioane, wir dachten, dass du bereit bist deine Aufgabe zu erfüllen, also mach keinen Ärger. Deine zwei Rösser gehören ab jetzt der Dorfgemeinschaft, du hast dich freiwillig mit deiner Unterschrift dazu verpflichtet."

Daraufhin entgegnete mein Vater, dass die zwei Pferde verendet waren, was er als autorisierter Veterinär ganz legal bestätigen konnte. Die größten Erwartungen und die Hoffnung, die die Kolchose hatte, nämlich die besten Pferde des Dorfes zu bekommen, lösten sich augenblicklich im Nichts auf.

Der Zorn der Versammelten löste eine Welle von Hysterie und Empörung aus, kreischende Stimmen verwandelten sich in ein babylonisches Chaos. Der Vater mittendrin, in einer aufgescheuchten, wilden Horde, die jede menschliche Züge verlor. Diese geballte, teuflische Energie erfüllte die Luft mit Angst und Unheil. Ich musste alles miterleben, denn mein Vater nahm mich mit, vielleicht ahnend, was auf ihn zukommen würde. Und wieder einmal hatte ich eine Beschützerrolle zu erfüllen gehabt, denn ohne mich hätten diese Menschen den Vater gelyncht. Irgendwann im Laufe der zwei, drei Stunden löste sich die

Menge auf und die Männer aus dem Bezirk in ihren schäbigen Kleidern machten sich auf den Weg zu ihrem alten „Wolga". Sie gingen unverrichteter Dinge, doch eines vergaßen sie nicht zu sagen: „Ioane, ab morgen bist du deine Arbeit als Veterinär los. Und übrigens, am Wochenende wird die Kollektivierung auch in Lunca beendet sein, was einen großen Erfolg für unser sozialistisches Vaterland bedeutet". Mit einer scheinbaren Ruhe wandte sich der Vater zu mir.

„Komm Mädi, wir gehen nach Hause." Ich empfand nur Schmerz, aber ich musste mich meinen Gefühlen stellen und den Schmerz zulassen. Ich musste lernen mit dem Schmerz umzugehen. Plötzlich fühlte ich mich gegen alles gewappnet, was auf mich zukommen mochte. Der Kampf meines kindlichen Lebens fing rücksichts- und erbarmungslos an. In den nächsten Tagen erfolgte die totale Enteignung, somit mussten wir alle Landwirtschafts-geräte die wir hatten, abliefern, ebenfalls zwei Milchkühe, zwei Schweine und 15 Hektar Acker. Uns blieb eine Milchkuh und 3.000 m² Garten.

Der Winter hatte in diesem Jahr keine Eile, denn es war Mitte Dezember und es lag noch kein Schnee. Die ganze Familie bemühte sich, dem Leben - nach all dem, was passiert war - eine gewisse Normalität zu geben. Nach meinem Krankenhausaufenthalt hatte ich viele Schularbeiten nachzuholen, jedoch fiel mir das Lernen nicht schwer, denn ich war eine gute Schülerin. Die Vergangenheit beschäftigte mich nicht mehr, meine ganze Energie galt der Zukunft. Ich musste mein Ziel im Auge behalten, nichts durfte mich davon ablenken. Klare Vorstellungen und standhafte Haltung mussten doch zum Erfolg führen und an diesen Gedanken habe ich aus tiefstem Glauben festgehalten.

„Ich will Ärztin werden". Mit diesem Beruf konnte ich viel Geld verdienen, dann wäre ich in der Lage, meinen Eltern und meinen Geschwistern zu helfen; doch vor mir lag noch ein steiler Weg.

Am 23. Dezember begannen die Ferien. Die Stimmung während der Weihnachtszeit war erträglich, wir hatten noch etwas Vorrat an Lebensmittel, sodass genug zum Essen da war.

Der Vater beschäftigte sich mit Holz hacken, es war Schwerarbeit, denn das ganze Holz musste man händisch für den Ofen zu-schneiden. Motorsäge oder sonstige Geräte, die die Arbeit hätten erleichtern können, gab es nicht. Die Mutter hatte in dem kleinen Zimmer einen Webstuhl, mit dem sie Fleckerl-teppiche webte. Die alten Kleider schnitten wir zu schmalen, langen Streifen, die wir dann zu einem Knäuel zusammenrollten. Aus diesen verschiedenfarbigen Streifen entstanden die Fleckerlteppiche, die bei uns überall im Haus auf dem Boden lagen. Auch Stricken war für meine Mutter eine wichtige, notwendige Winterbeschäftigung. Sie strickte für die ganze Familie warme Wollsocken und Fäustlinge.

Die Frühlingssonne verwischte die letzten Spuren des Winters, der Dampf, der aus der wärmenden Erde heraufstieg, dehnte sich wie eine Nebelwolke über die weiten, fruchtbaren Felder aus. Der neue Frühling kündigte sich an, doch die Felder, die Wälder, die Blumen auf der Flur, die mir so vertraut waren, blieben allemal dieselben. Abertausende von Schnee-glöckchen verzierten die schmalen Wege in allen Richtungen. Und doch war in diesem Jahr alles anders. Wir besaßen kein Ackerland und keine Pferde.

In der „hochgelobten" Kolchose herrschte Chaos; niemand war für irgendwas zuständig, es gab keine Organisation und niemand wusste, wie es weitergehen sollte. Die wenigen Arbeitstiere, die während der Kollektivierung gesammelt wurden, starben oder sie waren am Verhungern. Es gab kaum Futter und in dem langgezogenen, fensterlosen und ver-dreckten Stall - der eigentlich diesen Namen nicht verdiente - herrschten katastrophale Zustände.

Parallel zu dem Kolchos existierte in unserem Dorf eine zweite Agrarinstitution, die dem Staat gehörte, jedoch eigenständig wirtschaftete und sogar zur Bearbeitung des Feldes zwei Traktoren hatte. Dort konnte man als Tagelöhner ein bisschen Geld verdienen, vor allem in der Erntezeit, sofern noch etwas zu ernten war. Denn es wurde geklaut, was das Zeug hielt, vor allem Mais und Fisolen. Uns blieb nichts anderes übrig, außer als Tagelöhner zu arbeiten und somit unser tägliches Brot - im wahrsten Sinne des Wortes - zu verdienen. Es war zu viel zum Sterben und zu wenig zum Leben, aber wir hatten noch unseren Garten, der für uns ein Gottessegen war. Wir bauten allerlei Gemüse an und das half uns, über den Winter zu kommen. In den Ferien gingen auch wir – mein Bruder Gicu und ich gemeinsam mit den Eltern als Tagelöhner arbeiten. Von dem Geld, das ich dabei verdiente, kaufte ich meistens Schulhefte und Bücher, ohne dass die Eltern davon wussten. Der Vater hatte absolut kein Verständnis dafür, das Geld für Bücher auszugeben, da das Geld ohnehin knapp bemessen war. Jedoch für mich war das Lesen etwas Wunderbares, bei der Lektüre eines Buches vergaß ich meine oft unschöne Welt und erträumte mir die Zukunft, die ich gerne hätte. Vor dem Schlafengehen hatte ich Zeit genug zu lesen, aber das Licht, das wir im Zimmer hatten – das war eine

Petroleumlampe – leuchtete gerade so viel, dass wir uns im Raum zu Recht fanden.

Mitten in der Sommerzeit gingen viele Gerüchte betreffend der Führung der Kolchose im Dorf herum. Die Kolchose war noch immer führungslos und niemand wusste, wie und ob es weitergehen sollte.

Es herrschte ein Zustand der totalen Resignation, die Menschen lebten am Rande der Hoffnungslosigkeit.

„Schon wieder der Vater!" Eines Tages meldete sich bei meinem Vater unerwartet eine ganze Kommission von Parteifunktionären und wollte mit ihm reden. „Vater im Himmel!" betete ich, „was ist schon wieder los? Was wollen sie von uns noch haben?" Ein böser Gedanke blitzte durch meinen Kopf: „Wollen sie ihn verhaften? Wird der Vater uns verlassen müssen, lieber Gott, soviel Ungerechtigkeit darfst du nicht zulassen."

„Verfluchte Scheißkerle", brummte ich vor mich hin. Doch es stellte sich heraus, dass es nicht so schlimm war. Gemeinsam mit meinem Vater hatten sie für den nächsten Tag eine Sitzung einberufen, um endlich einen Vorsitzenden für die Kolchose wählen zu können. Diese Nachricht müsste man spätestens am Abend den Dorfbewohnern bekanntgeben.

Die Benachrichtigung erfolgte ein paar Stunden später. Mein Vater und sein Cousin Necolai gingen auf den Hügel hinauf und mit einem Blashorn bliesen sie laute Töne, die bis ins Dorf zu hören waren. Dann kündigte die kräftige Stimme seines Cousins die Nachricht an, die sich wie ein Buschfeuer durch das Dorf verbreitete. Noch am selben Abend kam einer dieser Funktionäre zu uns und unterhielt sich eine Weile mit meinem Vater. Nachdem er weggegangen war, erfuhr ich, dass mein Vater als Kolchosen-Vorsitzender kandidieren sollte. Dass er die Wahl gewinnen würde, war eine beschlossene Sache. Er musste nur „Ja" sagen. Er beriet sich darüber bis in die Nacht hinein mit meiner Mutter, denn am nächsten Tag fanden bereits die Wahlen statt. Es war an einem Sonntag im Juli. Die Wahl fand in einem Klassenraum der Volksschule des Dorfes statt. Die Schule wurde mit der Flagge der Sozialistischen Republik Rumänien geschmückt. Es war sozusagen ein feierlicher Tag.

„Ich werde mich meinem Schicksal stellen – möge das Glück mich begleiten. Offensichtlich gibt mir Gott eine neue Chance, die ich nützen sollte." Die Menschen, die zur Wahl gingen, zogen sich Sonntags-kleider an und es war ein bisschen wie eine Aufbruchsstimmung. Im Herzen der Menschen keimte neue Hoffnung auf, denn sie vertrauten dem Vater und seinen menschlichen Qualitäten. Die

Wahlen wurden per Akklamation durch-
geführt, denn mit geheimen Wahlen konnte
niemand etwas anfangen. Es war einfach
unüblich.

Der Vater wurde erwartungsgemäß vorge-
schlagen, ohne Gegenkandidat – und ein-
stimmig gewählt. Für das laufende Jahr konnte
man nicht mehr viel bewegen, doch die
organisatorische Arbeit begann bereits am
nächsten Tag. Er durfte sich ein paar Leute
aussuchen, die ihm behilflich zur Seite stehen
sollten, was er auch tat. Jeder Bauer bekam
ein paar Hektar Feld in Pacht zu bewirt-
schaften. Aus dem Ertrag musste jeder von
ihnen vierzig Prozent an die Kolchose abliefern
und den Rest durften sie für sich behalten. Es
war ein zufriedenstellender Kompromiss für alle
Beteiligten und die Felder mussten so nicht
mehr brachliegen.

Vaters Gedankengang war wirtschaftlich
orientiert und weniger politisch. Die Direktive,
die er vom Politbüro des Bezirkes bekam,
schien ihm dumm und menschenfeindlich zu
sein. Er folgte seiner eigenen Linie, um den
Leuten den bescheidenen Wohlstand zurück-
zugeben. Genauso wollte er der Kolchose eine
gewisse Stabilität verschaffen. Doch sein Ver-
halten erregte bei den mächtigen Politikern
Misstrauen und Unbehagen.

Das ereignisreiche Jahr 1962 näherte sich dem Ende zu. Die Weihnachtszeit verbrachten wir einigermaßen zufriedenstellend in der verheißungsvollen Hoffnung, dass im nächsten Jahr alles anders, vor allem aber besser werden würde. Doch die Vergangenheit holte uns immer wieder ein; allein der Vater ermunterte uns und sagte, dass der Mensch in der Gegenwart leben sollte, wenn er vorwärtskommen wolle. Ich gab ihm Recht und vertraute der Kraft meines jungen Lebens und meiner Entschlossenheit, doch mein Traumziel zu erreichen.

Draußen auf den Feldern herrschte ein reges Treiben unter den Bauern. Die Felder wurden gemessen und jeder bekam das, was er glaubte bearbeiten zu können. Jeder Bauer im Dorf besaß eine Milchkuh. Es war das Einzige, was die Kolchose uns erlaubte. Für die Bearbeitung der Felder wurden die Kühe eingespannt und dazu noch einige mitleiderregende Pferde, die bei der Kolchose den Winter überlebten. Doch das Damoklesschwert schwebte wie ein Fluch über dem kleinen, nicht zur Ruhe findende Dorf. Die Aufbruchsstimmung trübte sich rasch und die Ratlosigkeit breitete sich aus und lähmte jedes Vorankommen. Was passierte? Wie schon erwähnt: mein Vater beschäftigte sich kaum mit der kommunistischen Politik, die er im Grunde genommen als menschenverachtend betrachtete. Sein Bestreben war, dass die Leute zu essen hatten und dass die Landwirtschaft im Dorf auf Erfolgskurs gebracht werden sollte. In den Augen der Mächtigen war das ein Fehler. Der Vater war für sie ein Verräter. Er passte nicht in ihr hirnloses Schema. Er wurde auf die Probe gestellt; leider durchschaute er das schäbige Spiel nicht, das sie mit ihm vorhatten. Anfang März wurde eine Sitzung aller Mitglieder der Kolchose einberufen. Keiner ahnte, was sich dahinter verbarg – der Vater am Allerwenigsten.

Es wurde angenommen, dass es eine Routinesitzung werden würde, um zu besprechen, wie es weitergehen sollte. Jedes Mal, wenn eine solche Versammlung einberufen worden war, erschienen einige Parteifunktionäre der kommunistischen Partei. Sie trugen meistens dunkle, altmodische Anzüge, dazu abgetragene schwarze Schuhe wie auch die obligaten Aktentaschen. Die Leute versammelten sich wieder in der Schule, denn einen anderen, geeigneten Ort gab es nicht. Einer dieser Parteifunktionäre begrüßte die Versammelten und im Plauderton gab er bekannt, dass es, was die Kolchose-Mitgliedschaft betrifft, nun eine neue behördliche Anordnung gab, die Folgendes besagte: Wer Mitglied der Kolchose bleiben will, kann bleiben. Und wer es sich anders überlegt, hat jetzt die Möglichkeit auszutreten. Mein Vater war der Erste, der sich abmeldete. Ihm folgten mehrere Bauern des Dorfes, die auf der gleichen Linie waren. Diejenigen, die dabei-blieben – ohne zu hart urteilen zu wollen – waren genaugenommen die negative Auslese des Dorfes – es waren Mitläufer ohne besondere Ambitionen und ohne Prinzipien. Die Falle, die sie dem Vater gestellt hatten, schnappte zu…

Fabel-hafte Dialoge

Eine Krähe überheblich
Sah zur Raupe hin: „Mah, bist du grässlich"
„Aus mir wird ein bunter Falter
Du bleibst jedoch immer hässlich."

Hupft ein Hase provozierend durch das Feld
Während des Hundes Auge ihn im Visier behält
„Komm, lauf mir nach, das kannst du,
Bösewicht
Aber Haken schlagen kannst du nicht."

Sagt die Weide zu der Nachbarin
Der Birke: „Am Teich nur ich zu Hause bin"
„Ach was, neidisch und boshaft du bist
Weil mein Stamm so weiß und so edel ist."

Ein Schneckenmann, nicht mehr so jung
Man merkte das an seinem schwachen
Schwung
Kletterte auf einen Kopf Salat
Und aß begierig Blatt für Blatt
Seine Frau kam hinterher
Schlank, adrett – nicht so wie er
Und schrie ihn an: „Du bist zu fett
Dein Platz wird eng im Ehebett
Ich lass mich scheiden." sie verspricht
„Ist gut, aber verhungern will ich nicht."

Stolz, wie nur die Rose ist
Zu dem Rest der Blumen hin
Blickend schreit sie laut:
„Nicht vergessen, kleine Ladys
Ich bin eure Königin"
Doch die schlanke Gladiole
Respektlos erhebt die Stimme:
„Schau, dein Leib ist voll mit Dornen
Du aufgeblasene Mime."

Familienkonflikt

Den Geist mit zielorientierten Gedanken zu beschäftigen, zeigt sich inspirativ, immer bemüht, Möglichkeiten auszuloten, die zum beabsichtigten Vorhaben hinführen. So begann auch Eugens Geschichte, der junge Mann, der aus einer bürgerlichen Familie stammte, deren Lebensbestrebung darin bestand, den erreichten Wohlstand zu multiplizieren. Sein Vater, ein erfolgreicher Geschäftsmann, betrieb eine Lebensmittelkette, der sein Zweitgeborener, Eugen, nichts abgewinnen konnte. Eugen zeigte sich schon im frühesten Kindesalter an dem Geschäftsleben seines Vaters (im Gegenteil zu seinem älteren Bruder Emil), welches ihm so berechnend, fröstelnd, hart und farblos erschien, desinteressiert. Seine Neigungen offenbarten sich in der Literatur, zu der es sich hingezogen fühlte. Schon im Alter von 12 Jahren tastete er sich mit den ersten, wenn auch schüchternen Versuchen, in die Welt, die er sich selbst erträumte, die er so liebte und in der er sich später ansiedeln wollte; Dort wo sich seine Fantasie, seine Begabungen, seine Träume in der Schönheit der Kunst entfalten konnten. Er las viel, er fand, dass die Bücher der Reichtum des Lebens waren und nicht Rechnungen schreiben, Handel betreiben – Dinge, die zwar Geld bringen, sich jedoch mit seinem verträumten Wesen nicht im Geringsten vereinbaren ließen.

Er wusste: Geschäftsmann werde ich nie! Zum Leidwesen seines Vaters, der die „Kritzeleien" seines Sohnes lächerlich fand und die ihn öfters in Zorn versetzten. In seinem Eigensinn, seinem starren Denken, wollte und konnte er den Weg seines Sohnes, der gänzlich anders war als der, den er sich wünschte, nicht begreifen. Ein Träumer hatte in seinem Lebensplan keinen Platz.

Da an der Situation nichts zu ändern war, musste er sich schlussendlich damit abfinden und widmete sich ausschließlich seinem Erstgeborenen – Emil, der, seiner Meinung nach ihm im Wesen ähnelte, kaufmännisches Gespür hatte und somit als Hoffnungsträger für das erfolgreiche Bestehen der Firma galt und mit ihm in weiterer Folge auch eine Erweiterung der Firma vorstellbar war.

Verständnis und Unterstützung fand Eugen bei seiner Mutter, die immer freundliche, aufmunternde Worte für seine Vorhaben fand, an die er sich vertrauensvoll wenden konnte. Schriftsteller wollte er werden, einer, von dem man spricht, einer, mit dem die Kritiker sich beschäftigen sollten, deren Kommentare – so oder so – Seiten einschlägiger Gazetten füllten. Das Feuer seiner Träume durfte nicht erlöschen.

Nach der Matura begann Eugen an einer Wiener Universität ein Studium in Philologie. Seine Schreiblust bekam deutliche Konturen, es wurden sogar Gedichte in verschiedenen Zeitungen veröffentlicht. Eine Journalistin, die auf ihn aufmerksam wurde und auch ein Gedicht von ihm veröffentlichte, fragte ihn in einem Interview was, Lyrik und Schreiben allgemein, für ihn bedeutete. Daraufhin sagte er: „Durch das Schreiben hat meine Seele ungeahnte Weiten und Tiefen erreicht, es ist so etwas wie Opium meines Geistes, von dem ich mich nicht mehr losreißen kann und will." Er sagte weiter, dass er beim Schreiben eines Romans ist, er will die Welt aus seiner Sicht mit den eigenen Worten umschreiben, so, dass das Geschriebene dem Leser Entspannung verschafft, ihn für eine Weile in ein Traumland versetzt, als Rückzugsreich für die Seele, abgekoppelt von den Alltagsengen der reellen Welt, die sich mühsam und kalt zeigte, stets auf Maximierung des Gewinnes orientiert, nach einer sicheren Existenz strebend. Seiner Meinung nach ist ein gut geschriebenes Buch unsäglich bereichernder als das viele Geld, welches nicht mit Dauer behaftet ist, da es den Schwankungen der Umstände, der Zeit unterliegt und Verlustängste hervorruft.

Eugen wollte in seinem Roman „Entfesselte Seele", den er zu schreiben begann, seine philosophischen Lebensanschauungen mit den poetisch feinsinnigen Ausdrücken verbinden, um es zu einem harmonischen Ganzen, zu einem angenehm lesbaren Stück Literatur zu machen, das für jeden zugänglich war. Das dreihundert Seiten umfassende Manuskript, das Eugen inzwischen zu Ende geschrieben hatte, schickte er an mehrere Verlage zur Begutachtung für eine eventuelle Veröffentlichung.

Es folgten Wochen des Zitterns, des Bangens. Wird sein Manuskript das Interesse der Literaturwelt erwecken können, wird sich ein Verlag finden, der sein Manuskript für gut befindet und sich bereit erklärt, es zu veröffentlichen? Oder hatte sein Vater Recht, wenn er sagte, dass es in dieser Welt unmöglich ist zu träumen, dass die angebliche Schönheit der Kunst neben dem Geld nichts gilt. Doch diesen Gedankenverwirrungen ließ Eugen keinen großen Raum. Ein Mensch - sagte er zu sich selbst – mit einer unerschütterlichen Überzeugung an seinem Ideal, „ändert" sich nicht.

 Seine Stimmung stieg wieder, ihm wurde noch einmal klar, dass der Sinn und Zweck seines Lebens im Schreiben lag.

Er wollte seinem freien Geist keine Grenzen setzen. Wie oft saß er alleine im Zimmer und versuchte Worte zu finden, die das ausdrücken sollten, was er fühlte. Es war nicht leicht, das Empfinden der Seele treffend zu formulieren, aber er schrieb alles, was ihm durch den Sinn ging, sei es als Prosa oder Gedicht, mal ganz schlicht und mal ganz rasend.

Es vergingen gute vier Monate. Er schaute wie immer im Computer nach den Mails. Seine Augen erhellten sich plötzlich. Ein Glücksgefühl durchdrang sein Herz. Ein deutscher Verlag fand sein Manuskript gut und erklärte sich bereit, es zu veröffentlichen. Das Schicksal hatte es doch gut mit ihm gemeint. Er rief seine Mutter an, sie als einzige Vertraute, die an seinen Traum glaubte, sollte von seinem ersten Erfolg als Erste erfahren. Seine Stimme klang ruhig und sicher, aber nicht ohne Pathos. Sein Buch wird gedruckt. Tag um Tag verging. In dieser Zeit war er zurückhaltend, Freunde traf er nur selten.

Seine Zeit an der Universität war ganz anders als die daheim in Linz mit dem nörgelnden Vater, der nur über Zahlen und Geld sprach. Sein Zimmer im Studentenheim war wie eine Insel des Geistes, wo er seine ausufernden Gedanken niederschreiben konnte. Er wagte sogar, einige Texte dem Professor zu zeigen, der ihm Talent und Originalität bescheinigte.

In dieser feingeistigen Umgebung der Universität war sein Herz angesiedelt.

Nach sechs Monaten Wartezeit konnte Eugen sein Buch „Entfesselte Seele" in der Hand halten. Nach weiteren sechs Wochen stand das Buch auf der Liste der Bestseller.

Getöse im FiB

Frauen in Bewegung, kurz FiB genannt
Ein Verein von Frauen mit Verstand
Für eine Frau dabei zu sein
Ein Traum, der kühner kann nicht sein
Jede, wie man so schön sagt
Die mit Alleinsein sich plagt
Also, statt mit Grübeleien zu ringen
Kann sie sich im FiB einbringen
Wenn auch nicht alles Sonnenschein
In diesem Frauenverein
Ein gutes Gefühl ist es schon
Zu wissen ein Teil zu sein davon
Ab und zu auch hier gibt's
Dinge, die du nicht so liebst
Doch all das, was dumm und gut auf Erden
Hat den Zweck gelebt zu werden

Hätte man sich nichts mehr vorzuwerfen
Ginge man selbst sich auf die Nerven
Also das Raunzen liegt nur
In der Frauennatur.

So, eines Tages, weil ich
Ganz ausgeglichen innerlich
Und Faschingsdienstag immer näher
Beschloss ich, ein Gedicht zu schreiben
Was Frauen im Verein so treiben
Ohne dass ich es fürchten muss
Von irgendeiner ein Verdruss
Mit welcher mach' ich den Beginn?

Doch kurzerhand kam mir in den Sinn
Martina, die Obfrau-Stellvertreterin
Die Frau zerbricht sich Tag und Nacht
Den Kopf und mit Willensmacht
Sie schraubt die Werbung hoch hinauf
So nimmt das Schicksal seinen Lauf
Im Trend der Zeit ganz digital
Sie präsentiert uns überall
Ja sogar am Wochenmarkt
Mit Gratissuppe – selbstgemacht
Am Dienstagfrüh genervt und stressig
Der Erfolg doch mittelmäßig
Man tröstet sich, der Zeitpunkt war ungünstig
Die Leut', ich mein, schon überdrüssig
Denn sie wissen nicht mehr recht
Was ist gut und was ist schlecht!

Susy, des Vereins Obfrau
Engagiert und sehr genau
Eine Sitzung jagt die Nächste
Sie will für den Verein das Beste
Mit Ruh' und stoischer Geduld
Uns durch die Sitzungen sie führt
Ja... sagt sie und holt sich ein
Meinungen aus dem Verein
Und weil so viele im Team sind
Stundenlang wird diskutiert
Heiß laufen die Gehirne
Wie steigert man die Gewinne
Die man braucht so notwendig
Da Förderungen nicht beständig.

Unsere Anti-Aging Dame
Magdalena ist ihr Name
Wie ihr alle wisst, sie macht uns Mut
Dass auch im Alter es geht uns gut
Und wie weit geht des Lebens Spur
Sie zeigt uns auf einer Schnur
Die geteilt in drei Segmente
Ausbildung, Arbeit, Rente
Wobei als Letztes, statt der Bahre
Sie verspricht uns weitere vierzig Jahre
Magdi, wir nehmen dich beim Wort
So vertauscht sich Zeit und Ort
Der Rentner ist mal da, mal dort
Bereist die Welt, verliebt sich neu
Sortiert die Weizen von dem der Spreu
Bei Nacht, wenn ihn der Schlaf durchrinnt

Er sich einen goldenen Faden spinnt
Und träumt sich einen Harem von Schönen
Um dann festzustellen, dass sein Können
Nur ein Wunsch des Herzens ist
Ach, wie leicht der Mann vergisst
Was er war und was nun ist...
Eben ein Pensionist!

Was Beratungen angehe
vor allem in Punkto Ehe
Und überhaupt, wenn des Lebens Plan
Steht vor einem Paravent
Ganz allein in deinem Zimmer
Rundherum kein Hoffnungsschimmer
Dich erreicht – du grübelst tief
Doch plötzlich eine Stimme rief
Von irgendwo nach deinem Namen
„Sei nicht verdutzt, es gibt eine Dame
Die mit Charme und Herzlichkeit
Dir hilft über die schwere Zeit
Zeigt dir die Wege hin zum Licht
Und schnell du siehst, wie die Mauer bricht
Sie weckt in dir der Hoffnung Same
Doris ihr verehrter Name
Mit Herz in der Beratungsstelle
Sie zeigt dir des Lichtes Quelle
Den Weg dorthin doch selber gehen
Und denkst, ein Wunder wird geschehen.

Isabella: Wer sich nach einem Plauscherl sehnt
Das ihm den Geist nicht sehr anstrengt
Das offen und mit Herzenswärme
Als Gesprächspartnerin man nehme
Die Isabella. Sie erzählt
Wie alle Menschen dieser Welt
Verbunden sind durch eine Schnur
Wenn auch unsichtbar ihre Spur
So träumt sie sich durch das raue Leben
Mal auf der Erde, mal im Schweben
Auch sei gesagt, ihr Herz ist weich
So durch des Traumes Teich
Mal schwimmen und mal untertauchen
Während andere Köpfe rauchen
Und in dem Sorgenmeer versinken
Und haben Angst zu ertrinken
Na klar, traumlos nur auf sich selbstgestellt
Die Rettungsweste einem fehlt.

Karl, ein Teil unserer Gruppe
Als Gast bei der Dienstagssuppe
Unlängst ich habe festgestellt
Dass Karl oft zur Dienstagssuppe fehlt
Ich dachte, ist ihm was passiert?
Doch wie der Zufall manchmal spielt
Traf ich Karl, den netten Herrn
Bussi hin und Bussi her
Und ich ließ ihn unverzüglich wissen
Dass wir ihn im FiB vermissen
Ist er doch hilfsbereit, charmant
Der Frauenschwarm im Gmundner Land

Nach einer Weile unumwunden
Fragte ich, ob er schon gefunden
Endlich eine Braut für immer
Sein Antlitz in des Glückes Schimmer
Erstrahlte – in diesen Liebeswellen
Begann er fröhlich zu erzählen
Dass er bald wird sich vermählen
Und er spinnte sich zurück
In Märchentraum und Liebesglück
Obwohl ich nicht danach gefragt
Hat er mir voller Stolz gesagt
Der Braut Alter will er gelten lassen
45 Jahre jung, das könnte passen
Ich sah ihn staunend, fast entsetzt
„Kannst du mir sagen, was ist jetzt
Mit dir los, Karl?? Bitte schau
Du hast schon eine Ehefrau
Bist du vielleicht nicht mehr zu retten
Oder zum Islam übergetreten?
Doch prompt mit leicht bewegter Miene
Und zurechtgerückter Stimme
Sagt er: „Nein, nein, das nicht
Die Scheidung liegt schon bei Gericht"
Nun meine Damen, wie auch immer
Beim Teufel jeder Hoffnungsschimmer
Karl hat seine große Lieb´
Gefunden, aber nicht im FiB
Eine Chance bleibt uns noch offen
Weiterleben, weiterhoffen.

Nun kommt **Jutta** unter die Lupe
Pünktlich zu der Dienstagssuppe
Bringt sie meistens Kuchen mit
Ihr ein Lob dafür gebührt
Gewisse deutsche Disziplin
Ich stellte fest, liegt ihr im Sinn
Wenn manchmal zu der Frauenrunde
Sie kommt nicht aus irgendeinem Grunde
Lässt sie es mich per WhatsApp wissen
Dass innerlich total zerrissen
Ist sie – krankheitsbedingt und nun sie muss
Das Bett hüten - ein Verdruss.

Schon machte ich mich auf die Suche
In allen Schränken in der Küche
Nach Süßigkeiten – mir wär's nicht zu dumm
Auch welche mit fälligem Ablaufdatum
Doch ergebnislos mein Suchen
Heut gibt´s Kaffee ohne Kuchen.
Wie sehr uns dein Apfelkuchen fehlt
Haben wir alle festgestellt
Also Jutta, werd´ gesund so schnell es geht.

Traute, ein Naturtalent
Eine Person, wer sie näher kennt
Die weiß, ein Tausendsassa steht vor ihr
Sie kennt keinen Neid noch Gier
Wenn Traute nachts in ihrem Bette
Denkt, was sie gerne hätte, täte
Wenn der Schlaf sie süß durchrinnt
Und sie einen goldenen Traum spinnt

Dann spinnt und träumt so allerlei
Zum Beispiel eine Schneiderei
Wo syrische Frauen agieren
Als Mittel, um sich zu integrieren
Gestirnelehre hat sie auch genossen
Ob mit Diplom sie abgeschlossen
Ist mir bis dato nicht bekannt
Egal, es ist nicht so relevant
Ich kann sie euch trotzdem empfehlen
Als Astrologin sie kann erstellen
Ein Seelenbild, wenn sie es will
Mit tiefem Sinn und viel Gefühl
So weißt du, wie deine Lebenschancen stehen
Doch ihre Talente weiter gehen
Sie ist auch Lebensberaterin
Und setzt sich ein mit Herz und Hirn
Und erzählt: „Wie sagt man schnell
Genau! Sensationell!" Und erzählt weiter
Über Himmel, Gott und Erde
Du fragst dich, wann nimmt ihre Red' ein
Ende?
Um festzustellen, dass am Schluss
Sie alles wiederholen muss
Da du nichts verstanden hast
Und dann, nach einer kurzen Rast
Erneut die Rede von vorn beginnt
Vielleicht am Ende ihr doch gelingt
Zu präsentieren deutlich, klar
Was sie sich denkt, für immer dar
Das Karussell so dreht sich weiter
Und die Rede immer heiter

Liebe Traute, ich beuge mich
Vor deinem unglaublichen Geschick
Deine Rede mit viel Kraft
Durchzusetzen – heldenhaft.

Johanna, was ich bei dir entdeckte
Dass dir die Suppe immer schmeckte
Jeden Dienstag - ganz getreu
Zu der Suppe bist dabei
Dein Leben sonst bleibt mir verborgen
Ob du befreit von Leid und Sorgen
Ob du glücklich, ausgewogen
Dein Dasein lenkst, ich bleib' im Ungewissen
Ich muss auch nicht alles wissen.

Renate, gut, da wird's intim
Wir zwei sind doch im FiB ein Team
Gemeinsam kochen wir seit Jahren
Wenn manchmal kriegen wir uns in die Haare
Und fangen an zu debattieren
Ob man die Suppe fein pürieren
Oder doch nicht?
Und so nach der Hälfte der Debatte
Sag ich: „Machen wir halb und halb, Renate"
Unser Zank ist halb so schlimm
Da wir ein eingespieltes Team
Manchmal von Schmerz ich sie erlöse
Und nehme sie mit auf meine Flosse
Und schwimm' mit ihr durchs Traumland
Wir beide sind doch blutsverwandt.

Margit – eine Frau von Welt
Stets auf „elegant" gestellt
Immer vom Lichtkranz umgeben
Sie bejaht und liebt das Leben
Wie im Schweben ihre Schritte
Reinkarnierte Aphrodite
Lächelnd, ihrem Charme bewusst
Im Geiste wach, im Herzen Lust
Und tiefer Sinn für schöne Kunst
Dafür sie wurde auserkoren
Ist sie doch aus Meeresschaum geboren.

Regina – leicht verloren in Gedanken
Sie kommt daher, die Schritte schwanken
Ein mildes Lächeln im Gesicht
Verlegen wirkt sie, wenn sie spricht
Etwas schüchtern ihr Gemüt
Man glaubt, sie kennt keinen Groll noch Wut
Fixes Glied in der FiB-Gruppe
Lobt öfters unsere Dienstagssuppe
Wenn sie nicht gerade weit
In Niederösterreich verweilt.

Elisabeth, ich kann dich leiden, das sag ich dir
Auch wenn du Gegenteil von mir
Im Denken und im Handeln bist.
Die Contenance, du nie verlierst
Du lebst von deinen Idealen
Für eine Welt, die längst verfallen.

Aber wenn dein Ordnungssinn beginnt zu
Toben
Da muss ich dich doch neidlos loben
Gründlich putzen in jedem Eck
Teller, Tassen, das Besteck
Alles auf Hochglanz poliert
Ordentlich im Schrank es liegt
Im Ordnungsdrang der Liesl´ Qual
Steigert sich von Mal zu Mal!
Sie schwitzt und stöhnt vor sich hin jammert
Weil sich der Fleiß an sie so klammert.
Am End wirft sie ´nen Blick in den Saal
Und seufzt: „Ach, dieses FiB – ein Jammertal".

Edith: Von Ölen sie erzählt geduldig
So, dass zum Schluss du fühlst dich schuldig
Fast beschämt, dass du nicht kennst
Die konzentrierte Quintessenz
Der Pflanzen – ihre Heilungskraft
Und wie stark duftet dieser Saft
Sie besprüht dich mit Aromen
Und du spürst so halb benommen
Wie dein Gemüt im Glücke schwebt
Die Lebenslust erwacht und bebt
Dazu noch ein paar Globuline
Dann läuft der Körper wie auf Schiene
Weil alles sich zum Guten wendet
Die Therapie mit Lächeln endet.

Ines, wenn oft zu viel Kaffee getrunken
Ist nachts in keinen Schlaf gesunken

Dann stellt sie fest, ihre Gedanken
Zwischen Tod und Leben schwanken
Schwach, ihre Nerven flatterhaft
Psychiatrie raubt eben Kraft
Sie muss mit Spukgestalten kämpfen
In der Schlucht des Hirns, voll heißen Dämpfen
Verbitten will sie sich das Denken
Doch fällt es ihr schwer
Sich ins Nichts zu versenken
Genervt in selber Nacht beschließt
Dass sie Kaffee nicht mehr genießt
Schnell ist vergessen Kampf und Weh
Am nächsten Morgen beim Kaffee
Der Tag nimmt seinen Lauf wieder
Im Cumberland – ein Auf und Nieder
Gewissenhaft pflegt sie Gehirne
Wenn auch nicht ganz in ihrem Sinne
Wie sie diese Arbeit schafft
Bewundernswert, ja heldenhaft
Sie besteht jede Prüfung
Macht sie die Arbeit doch aus Berufung
Naja, auch sie hat ihre Mucken
Die nicht immer leicht zu schlucken
Klagt manchmal herzlich – ob mit Recht?
Dass wieder einmal geht ihr schlecht
Obwohl die allgemeine Lage
Hätte keinen Grund zur Klage
Zum Glück auch das geht vorüber
Und später lacht man nur darüber

Im FiB der gute, große **Fred**
Wird oft gefeiert wie ein Held
Mittlerweile unentbehrlich
Für den Verein, das sag' ich ehrlich
Er lebt friedlich auf der Erde
Weil fest und sicher seine Rente
Zufrieden in seinem inneren Ort
Führt er ein Leben mit Komfort
Noch immer stolz steht ihm zur Seite
Seit fünfzig Jahren die Renate
Sagt stets wie schön sein Eheleben
Als würd´ er auf Wolke Sieben schweben
Jeden Tag, bis Nacht einbricht
Aus Taktgefühl ich frag ihn nicht
Ob auch nachts den Liebeswahn
Er spürt – was geht mich eigentlich das an?
Verzeih Fred, wie kann ich es wagen
Dir zu stellen solche Fragen
Ich bitt' dich Fred, sei mir nicht böse
Nur Schall und Rauch mein Getöse
Es ist des Faschings Übermut
Ach Fred, sind wir wieder gut?

Anna-Maria ganz genau
Die diplomierte Kräuterfrau
Voller Tatkraft auf der Spur
Jedem Kräutlein der Natur
Mit Inbrunst sie uns verraten
Wie gesund des Gottes Garten
Ihr folgend mit Vollvertrauen
Eine ganze Schar von Frauen

Um die Kräuterlehre zu verstehen richtig
Was genießbar und was giftig
So rennen alle kreuz und quer
Auf des Frühlings Blütenmeer
Jedem Grünblatt hinter her
Ganz erstaunt und tief gebückt
Pflücken alle wie verrückt
Von Gräsern angezogen magisch
Ab heut zum Teufel mit dem Fleisch
Wir satteln um auf vegetarisch
Doch leider dieser eilig´ Schwur
Hält höchstens zwei, drei Tage nur
So manche Frau hat leicht vergessen
Dass ihr Mann braucht was zum Essen
Wenn er von Frühschicht voll ermattet
Am Esstisch sich Kotelett erwartet.
Das Grünzeug, wenn auch schön gediegen
Ihm misstrauend er lässt es liegen
Zitternd auf dem ganzen Leib
Fragt er: „Willst du mich weiter haben, Weib?"

Elke, wie majestätisch schreitet sie daher
Selbstbewusst ihr Auftreten – sie ist wer
Wenn man im Zentrum ihr den Platz gewährt
Und gebührlich ihr königliches Wesen ehrt
Dann paart sich Herzlichkeit mit Würde
Charmant, doch nicht anpassungsfähig in der
Runde
Diese Raubkatze ausgiebig ruht im Schatten
Um Kraft zu sammeln für ihr großen Taten
Ein bisschen Luxusglanz muss schon sein

Doch an ihrem goldenen Herzen
Wärmt sich Groß und Klein
Ihre Leistungen sie wirken nicht forciert
Sondern fließend selbstverständlich
Mit dem Geschehen mit
Da sie Falschheit schwer durchschaut
Läuft Gefahr
Ausgenutzt zu werden, unser Sonnenstar
Auch in Puncto Liebe sie heiße Szenen plane
Wie ihre wilde, exotische Verwandte in der
Savanne
Unsere Lady nur den Besten will
Mit dieser Katze hat der Mann kein leichtes
Spiel.
Bissig, hitzig, auch warmherzig zugleich
In ihrer Weiblichkeit erstrahlt ein Königreich
Der Mann, der es betritt, ich möcht erwähnen
An ihrer Sinnlichkeit kann er schon mal die
Hand verbrennen
Hat er die Prüfungen bestanden, so ist's recht
Sie wird auf ewig ihm zur Seite stehen –
Wohlgemerkt.

Meine Wenigkeit
Heute bin ich frech, nicht wahr?
Das passiert einmal im Jahr
Zu Fasching ist sowas erlaubt
Daher ich habe mich getraut
Da ich sonst von Natur aus scheu
Das ist sicher euch nicht neu
Zu diesem Zweck ich hab bezogen

Ein Horoskop beim Astrologen
Um nicht bezüglich der Planeten
In eine falsche Bahn zu treten
So will ich die Zeit nicht verpassen
Der Bosheit freien Lauf zu lassen
Beschütz von Zeus, auf meinem Hocker
Ich mach' Hirn und Zunge locker
Um im Vorstand dem Verein zu dienen
Ließ ich die Gedanken spinnen
Gedichte: anspruchslos und seicht
Und trotzdem war mein Tun nicht leicht
Da ich, von gründlicher Natur
Mach ich bei mir selbst Inventur
Wenn man sein Innen aufschließt
Was dort alles zu entdecken ist
Oh Schreck – da keine Spur von Ruh
Ich schließ mein Inneres wieder zu
Und bleibe weiterhin im FiB
Seit mir nicht bös', ich hab' euch lieb
Und nun folgt die Plauderei- Leeilei

Zäzilia und Eva unsere lieben Feen
Mit diesen Frauen
Zwei rechte Hände uns zur Seite stehen
Die Arbeit im Büro ist ihre Pflicht
Sie schuften fleißig und sie klagen nicht
Wir schätzen euer Tun und Freundlichkeit
Ein fixer Teil der FiB ihr seid
Längst unverzichtbar für den Verein
Daher ein Wort des Lobes muss auch sein
Ich schlage euch zusätzlich noch
Für unsere Sekretärinnen ein drei Mal hoch.

Frau Graf und Herr Mayer

Frau Graf ging wie gewohnt spazieren
Mit ihrem Pudel in den Wald
Mit ihrem Königspudel, so ihre Meinung
Nur diese edle Rasse die anderen überstrahlt
Stolz präsentierte sie den Pudel
Fast jedem den sie traf
Denn viele Laien glaubten
Ihr Pudel sei ein Schaf
Das ist mein Königpudel
Und ich bin die Frau Graf
Und dass ich nicht vergesse
Der Königspudel hieß Maike
Von der grünen Heide
Was keinen Zweifel ließ
An seiner edlen Abstammung
Blaublütigen Geschlechts
Seine Stammbaumpapiere amtlich echt.

Es war an einem Sonntag
In aller Herrgotts Früh
Am Weg nur sie und Maiki
Wie schön ist´s, dachte sie
Doch diese helle Freude
Nur knapp bemessen war
Denn von der Gegenrichtung
Sie konnte sehen klar
Ein Mann in reifem Alter
Vollschlank seine Figur
Mit seinem Mischlingsrüden
Von mittlerer Statur

Sie kamen ihr entgegen
Sein Hund lief ohne Leine
Der gute Mann, er dachte
Sei unterwegs alleine
Frau Graf nervös und ängstlich
Schrie laut ein paar Mal
„Rufen sie den Hund zurück"
Doch das war dem Mann egal
„Sie, Sie hören wohl nicht richtig
Rufen Sie zurück den Hund
Man hat wirklich keine Ruhe
Nicht einmal zur Morgenstund´
Ungezogen sind Sie auch
Ihr Benehmen leidet schwer
Für sie passt das kluge Sprichwort
Wie der Herr, so das Gscher
Gehen sie in die Hundeschule
Vielleicht ist´s doch nicht zu spät
Denn dort eine Chance Sie hätten
Wo nicht nur der Hund was lernt"
Herr Mayer:
„Ich beherzige Ihren Ratschlag
Doch schauen Sie in den Wald
Wie schnell zwischen den zwei Lieben
Ein Spiel hat sich entbrannt"
Halb in Ohnmacht
Rief Frau Graf nach ihrem Hund
Maike, Fuß, schnell hierherkomm´
Die Blamage, die du mir beschert hast
Wofür hast du das Diplom
Dann wandte sie ihre Blicke zu Herrn Mayer:

„Nur wegen des kleinen Struppigen
Wie heißt er?"
Herr Mayer:
„El Greco, wenn Ihnen genehm
Edle Abstammung hat er keine
Er kommt aus Griechenland
Und sofern der Tierarzt Recht hat
Ist er vier, fünf Jahre alt
Übrigens, ich bin Herr Mayer
Und es wäre schön,
Wenn Sie Ihren Namen mir verraten
Denn bei so viel Sympathie
Die Sie mir entgegenbringen
Kann ich glatt nicht widerstehen
Auf einen Drink Sie einzuladen
Ja, sogar ich möchte gehen
Öfters mit ihnen spazieren
Jetzt, wo unsere lieben Hunde
Herzberührend Freundschaft schlossen
In nur einer Viertelstunde"
Frau Graf:
„Wenn Sie meinen:
Mein Name ist Graf Gerlinde
Und ich leb mit meinem Pudel
Hier in der schönen Gegend
Ich und Maike in kleinem Rudel
Reicht das Ihnen, lieber Herr?"
Herr Mayer:
„Nennen Sie mich Engelbert
Es lässt sich sicher leichter reden
Und auf das leg ich viel wert

Wissen Sie, Frau Graf,
Ich würd´ mich gerne gesellen
Zu Ihrem Rudel
Und ich würde auch mitnehmen
Mein lebhaftes, liebes Hundl"
Frau Graf:
„Also, ich bin die Gerlinde
Und ich wäre gern bereit
Über Ihren Plan zu reden
Doch das braucht seine Zeit"
Herr Mayer:
„Ganz wie Sie meinen, liebe Gerlinde
Bin mit Ihnen einverstanden
Morgen mittags beim Chinesen
Sind Sie von mir eingeladen"
Öfters trafen sich die beiden
Das alleine Bände spricht
Doch Details aus der Geschichte
Mit Verlaub, ich sag´s euch nicht.

Für Inge

Als höchster Gott auf dem Olymp
Der Jupiter, im Tierkreiszeichen Schütze
Herrscht der große Herr
So wie der Schütze-Mensch
Ist auch er ein Archetypus der Großzügigkeit
Seine hohe Würde geziemen Glaube
Anbetung und tiefe Frömmigkeit
Schütze-Menschen (auch Du)
Wirken meist extrovertiert und aufgeschlossen
Sie treten ein mit „Hoppala
Jetzt komme ich-Effekt"
Dennoch sind sie angenehme Zeitgenossen.

Für Dich Inge sehr charakteristisch
Ist Deine Offenheit
Du schleuderst ins Gesicht
Die ungeschminkte Wahrheit
Egal, ob sie für die Umgebung angenehm ist
Oder nicht
Du tust dies keineswegs aus Bosheit
Sondern es ist Dir halt passiert.

Die Begeisterung, die Lust
Die Freude an der Üppigkeit
Dafür Du öffnest Deinen vollgefüllten
Kühlschrank weit
Alle sollen Trank und Speise haben bis zum
Überfluss

Für Deinen Großmut verdienst Du glatt ein
Einser plus
Dein gestrenges Tierkreiszeichen zeigt treffend
Wie Du bist
Zum Beispiel die Begeisterung der Schützen
Oft nur ein Strohfeuer ist
Rasch entflammt
Verliert er bald die „Schnelle"
Wenn ein harter Widerstand
Vor ihn sich stelle
In Deinem Herzen findet Rache kein Gedeihen
Dir ist lieber zu vergessen, zu verzeihen
Auch materielle Werte sind bei Dir recht
Schwach umrissen
Du willst die Freiheit
Die Unbegrenztheit voll genießen.

Gemeint ist auch Toleranz, Großzügigkeit
Und nicht zuletzt Frohsinn
Ohne egoistische Bestrebungen im Sinn
Der Schütze – auch Du – man sagt
Er wär´ zerbrechlich, doch nicht zu zerbrechen
Seine Menschlichkeit empfängt man mit dem
Ich bin dir gut gesinnt"-Versprechen
Andere Schützen wirken zurückhaltend
Verschlossen, reserviert
Dies ist bei der Christina festzustellen
Was anfangs irritiert
Doch ist da bloß ein bisschen Schüchternheit
Im Spiel, kein Bocken

Mit einem offenen „ich komme Dir entgegen"
Man kann Dich leicht aus der Reserve locken
Optimismus ist des Schützen „Herauszuheben-
Eigenschaft"
Eine stabile Säule seines Daseins
Die unbestritten sein Wesen ausmacht
Und nun zum Schluss sag´ ich
In Gottes Namen
Ich möchte höflich fragen
Die zwei entzückten Damen
„Sind wir wieder gut?", mein Gott
Was ich für Euch geschrieben,
Ein Gedicht gemacht
Es war das Lesen in dem Himmel
In einer sternenklaren Frühlingsnacht
Da Jupiter, auf seiner Laufbahn
Durch die Gestirne-Welten
Eine Rast sich gönnte,
Was recht selten gewahr
Er mir für eine kurze Weile
´Nen Überblick in sein Schützenreich
Dann ich in Windeseile
Schrieb für Euch freuderfüllt
 die vorgetragenen Zeilen.

So bist Du

Mein Franzi, sein Element, die Erde
Das Kompakteste aller vier Elemente
Stabil im Wesen, beharrende Gedanken
Kein Sturm der Welt bringt ihn so leicht ins
Schwanken
Der Kontakt zu ihm
Lässt sich nicht schnell herstellen
Er braucht Zeit, das rechte Wort zu wählen
Nach einem ersten Eindruck
Begibt er sich aufs Lauern
Diese abwartende Position
Kann eine Weile dauern.

Sein eigentliches „Ich" verbirgt er tief im
Herzen
Er hat nichts übrig für ein seichtes Schwätzen
Sein vorgefasstes Credo
Bleibt ihm ein Leben lang
Als feste Lebensstütze, ja seinem Herzensklang
An dem Gerüst zu rütteln, soll jemand wagen
Dann kommt des Stieres Sturheit voll zu tragen
Dann sieht er rot, des Zornes Kräfte brennen
Und man ist gut beraten
Schnell davonzurennen
Am freien Spiel der Meinungen
Mögen andere Freude haben, klar
Er nicht; Man sollte dies zur Kenntnis nehmen
Ohne Kommentar.
Viel mehr empfiehlt sich mit ihm oft ausgiebig

Speisen zu gehen nach beliebig.
Seine Prinzipien – liberale (links)
Lebensauffassungen umschließen
Was er für richtig findet
Will er für immerdar genießen
Kein Feuerwerk von blendenden Einfällen er
versprüht
Sein Geist stützt sich auf fest verankertes
Gedankengut
In der Liebe fällt er die Entscheidung
Nach langwierigem Testen
Da ich, das Opfer bin
Ich weiß gewiss am besten.

Der geborene Genießer, welch´ für den
Lustgewinn
Scheut er für wahrlich keine Mühe
Und das von Anbeginn
Seines geliebten Lebens
Und doch ein lieber Kerl
Das Trachten seines Daseins ist erfreudgewandt
Dafür hingebungsvoll er alles plant
Da sein Verbrauch an Lust
Ob Seele, Körper, Geist
Auf allen Ebenen des Lebens
Seine Sehnsucht kreist
Ein Mann, fest verankert in den Erdenschwellen
Fels in der Brandung auf des Sturmes Wellen.

Handykauf

Nach reiflicher Überlegung traf ich endlich
den Beschluss
Um mit der Zeit konform zu gehen, ich ein
Handy kaufen muss.
In Fachgeschäften steht jedem hilfsbereit
Ein Verkäufer, der Dir zeigt
Die Errungenschaft der Zeit
Jeder preist in hohen Maßen
Was das Zeug so alles kann
Und so leicht sei zu kapieren
Angeblich für Jedermann.

Neugierig und wissbegierig
War ich sicher immer schon
Und so konnte ich kaum erwarten
Mein neues Wundertelefon
Der Hartlauer macht Reklame für das
Nokiagerät
Es wird davon viel verkauft
Also wird´s sein nicht so schlecht
Mit Entschlossenheit
Recht mutig ging ich zum Hartlauer hin
Und ich freute mich zu werden
Bald Handybesitzerin
Im Geschäft mir gegenüber
Stand ein junger, fescher Mann
Der mich gleich höflich fragte
Was er für mich tun kann.

„Meinem Herzenswunsch zufolge
Wonach ich lange mich schon sehne
Ein besonders schickes Handy
Hätt´ ich für mein Leben gerne
Und Sie können mich beraten
Mit ein bisschen Aufwand
Denn mein Wissen diesbezüglich
Ist nicht auf dem letzten Stand"
Mit Inbrunst der junge Knabe
Voll bemüht, ihn zu verstehen
Sagte er: „Ah, Sie festnetztelefonieren
Sie nicht wissen, wie das gehen?"
Sagte ich: „Wenn ich Sie verstanden habe
Ein Festnetzgerät sehr wohl habe ich
Und weiß auch, wie es funktionieren soll
Ich möchte ein Handy haben
Zusätzlich zu dem Festnetz
Ein ganz nettes, liebes Handy
Sie, das wäre für mich a Hetz"
Sagte er: „Ah, ich verstehe
Handy haben fix gemeldet dieses Ding
7.- € in Monat will dafür der Telering
Dann telefonieren können
Überall mit wenig Cash
Das kann ich Ihnen empfehlen
Ist das Angebot nicht fesch?"
Sagte ich: „Sie verstehen mich kein bisschen
Ich erkläre es noch mal deutlich
Ein Wertkartenhandy wäre meine erste Wahl
Mir scheint, dass der deutschen Sprache
Sie seien mächtig nicht genug

Macht eh nix, Sie können lernen
Denn Sie sind begabt und jung"
Sagte er: „Was soll die Bemerkung heißen
Was bekommt mein Ohr zu hören?
Nehmen Sie zur Kenntnis bitte
Ich bin in Salzburg geboren."
Sagte ich: „Mag schon sein
Mir fällt nur auf
Dass Sie nicht so gut Deutsch sprechen
Und das Sie mich falsch beraten
Damit muss ich auch rechnen"
Sagte er: „Mein Gott, ich war der Meinung
Dass SIE nicht gut Deutsch verstehen
Dass ich mich so schlimm verschätzte
Muss ich Ihnen klar gestehen
Ich ersuche um Verzeihung
Und ich werde so gut ich kann
Sie beraten wirklich gerne
Mit allem Drum und Dran"
Und zum Schluss versöhnlich klingend
Sagte ich in mildem Ton:
„Ich verstehen nicht viel vom Handy
Doch die deutsche Sprache schon."

Harras und sein Freund Benni

Diese rührende Geschichte
Recht sympathisch finde ich
Über meinen Hund den Harras
Und den lieben Enterich.

Benni heißt er, der Kleine
Und seit einem guten Jahr
Liebt er Harras über alles
Als wär'n sie ein Liebespaar.

Dreht der Harras seine Runde
Auf benachbartem Gelände
Saust hinterher der Benni
Schließlich ist er „Laufente".

Kommt die Zeit zum Mittagessen
Neben Harras pflichtgetreu
Liegt der Benni und er wartet
Bis die Mahlzeit ist vorbei.

Es folgt Mittagsschlaf im Garten
Nett - im Wohlgeruch der Blumen
Träumen laut die zwei Lieben
Melodisch wie Bienen summen.

Die Nacht bringt mir Schwierigkeiten
Denn Benni schreit überall
Er will auch im Hause schlafen
Doch mein Haus das ist kein Stall.

Nach längerem Überlegen
Fanden wir den Weg der Mitte
Harras schläft bei mir im Haus
Und Benni in seiner Hütte.

Hochzeit in der Au

Durch die jungen Weidenzweige
In den Rhythmen einer Geige
Eine ganze Vogelschar
Fein gekleidet Paar für Paar
Alles gutgelaunte Gäste
Flogen sie zum Hochzeitsfeste.

Eine Krähe gab kund, die Gute
Dass gerad´ in dieser Stunde
Hoch platziert auf Birkenäste
Wartet auf die Hochzeitsgäste
Stolz das junge Brautpaar
Mitsamt zu fliegen zum Altar.

Eine Amsel fragt recht laut
Und wer ist die schöne Braut?
Wen nimmt sie zum Herrn Gemahl?
Wohnt er hier in diesem Tal?
Hat er schon gebaut ein Nest
Noch vor dem Vermählungsfest?

Wer die Braut ist? – jawohl, Lerche heißt sie
Landwärts hört man ihren Gesang
Einen ganzen Sommer lang
Müde wird sie nie.

Ihr Gemahl, der bunte Specht
Hohen Rang hat er
In dem Vogelreich – mit Recht
Sein erlesenes Gewand
Glänzend, bunt und weich wie Samt
Man sieht – er ist Wer.

Und so kamen Arme, Reiche
Was Flügel hat am Leib
Aus dem Walde aus dem Teiche
Auch ein Schwarm von alten Spatzen
Man hörte wie sie neidisch schwatzen
So zum Zeitvertreib.

Jemand schrie ohne Umschweife
Wer Trauzeuge ist?
Doch ein Herr in voller Reife
Wahrhaft schöner als die Sonne
Doch noch schöner zweifelsohne
Seine Frau – Ihr wisst,

Ja – ihr ahnt schon, wenn ich meine
Das Pfauenehepaar
Doch das Paar kam nicht alleine
Alle näheren Verwandten

Die Cousinen, Onkeln, Tanten
Kamen zum Altar.

Einzig nur die flinke Meise
Wegen Todesfall
Ganz in Trauer blieb zu Hause
Bei dem Toten still zum wachen
Ums den Seligen recht zu machen
Noch ein letztes Mal.

So flogen alle tief berührt
In den langen Reihen
Pfarrer Storch, wie es sich gebührt
Nahm das Brautpaar in Empfang
Und es dauerte stundenlang
Seine Litaneien.

Später zu dem Hochzeitsmahl
Mit gebundenen Schürzen
Schwalben aus dem grünen Tal
Legten Damast auf die Tische
Und es drängte aus allen Nischen
Düfte von Gewürzen.

Nichts soll fehlen, Trank und Speise
Mengen soll es geben
Fromm, am Eck, der Kuckuck leise
Im Gebet ein wahrer Meister
Monoton, die guten Geister
Bat um ihren Segen.

Könner seines Fachs, der Rabe
Mit dem Dudelsack
Spielte er zwei ganze Tage
Und die Eule, seine Nichte
Hochplatziert auf einer Fichte
Sah bewundernd dieser Knabe
Schön ist er im Frack!

In der Lichtung Taubenpärchen
Elegant gestylt flüsterten:
Was für ein Märchen
Wollen wir den Tanz beginnen
Mit der Braut mittendrinnen
Wie in alter Zeit?

Die Stimmung sich rasch erhitzte
Was soll ich noch sagen?
Alle tanzten, erzählten Witze
Sogar eine Wasserente
Die schon längst genoss die Rente
Überzeugte ihren Mann
Einen beleibten Auerhahn
Ein Tänzchen zu wagen.

Hinter einem alten Baum
Eine Haushenne
Fing an mit der Schnepfe ´nen Streit
Die Schwiegertochter, wie es scheint
Doch sie streitet gerne.

Nacheinander durch die Äste
Langsam Schar um Schar
Kamen all die feinen Gäste
Und tausend Schnäbel hoch in Form
Sangen laut, pflichtkonform
„Hoch das Brautpaar".

Mein Gedicht vom Hochzeitspärchen
Aus dem Grünen Hain
War tatsächlich nur ein Märchen
Und wer trotzdem daran glaubt
Es ist zweifellos erlaubt
Manchmal Kind zu sein.

Kaisertage in Bad Ischl

Die Blumengeflechte in kunstvollen Formen
Im bunten Glanz durch die Kaiserstadt strömen
Spätsommersonne heißt willkommen die Gäste
Freudig sie spendet ihre Wärme dem Feste.

Goldener Tag wie aus alten Märchen uns winkt
Ein Hauch Nostalgie fließt leicht mit dem Wind.
Auf kaiserlichen Spuren der vergangenen Zeiten
Prachtvoll gekleidet durch den Park
Hofdamen schreiten.

Schwerer farbfroher Taft fällt sanft faltenreich
Bis zu den Füßen hernieder, geschmeidig,
Zauberhaft und weich

Blitzlichtgewitter stürmisch die Damen umkreisen
Tausend Bilder gehen auf die entferntesten Reisen
Historische Gewänder von Hand kunstvoll genäht
Sie ließen für einen Tag, Traum Wirklichkeit werden
In Bad Ischler Welt.

Copyright: Grill Jürgen, event-fotograf.at

„Margareta – die Dorfschneiderin"

Das, was ich in den folgenden Zeilen zu erzählen habe, ist die Wiedergabe einer weit zurückliegenden Geschichte, die ich von meiner Großmutter (Gott soll sie selig haben) erfuhr.

Als eine der bekanntesten und beliebtesten Frauen lebte einst Margareta in dem kleinen Dorf Lunca, welches irgendwo am Saum der Karpaten seine Berechtigung fand. Der Inhalt dieser angeblichen oder tatsächlichen Begebenheit blieb in meinem Gedächtnis fest verankert als zuverlässige Stütze meiner immerwährenden Erinnerungen.

Margareta, die Schneiderin des Dorfes, als einzige dieser Berufssparte weit und breit, war stets von Menschen aller Altersgruppen umgeben, deren Gewand sie nach Maß sozusagen nähte. Naja, so genau - sagte mir die Groß-mutter – durfte man ihre Schneidereikunst nicht nehmen. Die Nähte waren meistens un-vollständig, die Ärmel zu kurz oder zu lang, die Knöpfe in Farbe und Größe durcheinander gemischt, so wie sie diese gerade bei der Hand hatte. Solche Unwichtigkeiten, wie ihre Kundschaft es nannte, taten der Freude eines neuen Gewandes keinen Abbruch, da die rustikale Tracht der Bauernleute keinem Modetrend unterlag.

Im Dorf neben der Schneiderei gab es noch einen Gemischtwarenladen, wo man allerlei Dinge des täglichen Gebrauches kaufen konnte – wie Zucker, Salz, Streichhölzer, türkischen Honig, Spirituosen, die letzten waren der Männer schönster Zeitvertreib, vor allem an den langen Winterabenden in dem verrauchten engen Raum bei einer Petroleumlampe, wo alles friedlich begann, jedoch gegen Mitternacht überhitzte Gemüter ihren Hormonüberschuss in Wild-West-Manier abbauten. Der Ladenbesitzer, an solche Szenarien gewohnt, hielt stets einen Eimer eiskalten Wassers bereit, als probates Mittel, um die Raufbolde hinauszutreiben.

Doch nun zurück zu Margareta.

Bemerkenswert zu erwähnen war ihre Behausung, die vielmehr eine bruchreife Bude war, die jeden Augenblick einzustürzen drohte. Die tiefen Risse in den Wänden, der holprige Fußboden, dessen vermorsche Holzbretter die Schritte unsicher machten, die frische Luft von draußen, die durch das zerbrochene Fensterglas hineinkam, verdrängte den muffigen Schimmelgeruch, stets in einem Daueraustausch stehend. So wurde das Atmen im Zimmer erträglich. Das Dach, regenuntauglich, war größtenteils mit Blechfetzen geflickt und mit Ziegelsteinen notdürftig niedergehalten, zumindest bis zum nächsten Sturm.

All diese Dinge störten Margareta nicht; Sie war eine Frohnatur, immer gut gelaunt, sie wusste als erste die letzten Dorfneuigkeiten, die sie mit viel Erzählungstalent gerne weitergab. Sie kannte keinen Neid, keine Feindseligkeit, keine Gier, sie freute sich des Lebens, so wie es sich gerade bot. Mitten in dem einzigen halbwegs bewohnbaren Zimmer stand eine „Singer" Nähmaschine – Margaretas ganzer Stolz, dessen Klang beim Nähen sich wie ein Trommelschlag anhörte, wie sie meinte.

Musik mit Zauberwirkung für ihr Gehör, die sie nicht vermissen wollte. Die Nähmaschine war ihr einziges Kapital, das ihr ein Minimum an Lebensexistenz sicherte.

In dem großen Hof, der sich mitten im Dorf befand, ragte über das verfallene Haus wie ein Denkmal der Zeit ein Nussbaum empor, welcher, der Erzählung meiner Großmutter nach, sich im Sommer, unter seinem Schatten die Frauen des Dorfes am Sonntag zu einem Nachmittagsplausch trafen.

Margareta, neben ihrem unentbehrlichen, wenn auch mangelhaften Beruf hatte noch die Gabe – wie ich schon erwähnte – die Leute, die zu ihr kamen, mit dem Erzählen verschiedener Ereignisse der Vergangenheit oder der Gegenwart, die sie sich zum Teil

selbst fabulierte, zum Teil wahre Begeben-
heiten waren, lebhaft zu unterhalten.

So auch Anicas Liebesgeschichte, die
Margareta so plastisch, so eindringend meiner
Großmutter erzählte, dass diese nach vielen
Jahren mit gleich frischer Lebendigkeit und
bewegender Emotionalität, auch mir über-
mittelt werden konnte. Gerade diese ergrei-
fende Geschichte von Anica möchte ich dem
Leser erzählen:

Anica, die einzige Tochter einer angesehenen
Bauernfamilie aus dem benachbarten Dorf
„Vadeni", genoss eine strenge Erziehung
seitens ihrer Mutter, die straff wirtschaftlich
orientiert war und durch die Heirat ihrer
hübschen Tochter, die unbedingt standes-
gemäß stattfinden musste, den erreichten
Wohlstand der Familie erweitern wollte.

 Es war Kirtag im Dorf, die jungen Leute hatten
sich zum Volkstanz versammelt, so war der
Brauch. Für die Eltern, die auf den Bänken rund
um die Tanzenden saßen, war es eine gute
Gelegenheit, für ihre Kinder den passenden
„Hochzeiter" oder „Hochzeiterin" anzuvisieren.
Anica, achtzehn Jahre alt, war auch dabei,
stets unter der genauen Beobachtung ihrer
Mutter, ob sie mit dem „Richtigen" tanzen
wird.

Tanase, der zweiundzwanzig Jahre alte, fesche Bursche – er lebte mit seiner Mutter in einem kleinen Haus im selben Dorf, sein Vater verstarb vor vielen Jahren bei einem Unfall bei Lehmausgrabungen, die man für Ziegel benötigte, wählte Anica zu seiner Tanzpartnerin und tanzte mit ihr dreimal hintereinander. Ihre Schüchternheit, ihre errötenden Wangen, wenn Tanase sie enger zu sich zog, ihr verhaltenes Verneinen, das eigentlich ein verräterisches Bejahen verriet, war deutlicher Beweis ihrer Verliebtheit. Das war ihr Herzensgeheimnis, von dem niemand erfahren durfte, am allerwenigsten ihre Mutter, die in eine Heirat mit ihm, der außer seinen Fleiß und seinem guten Aussehen nichts besaß, nie und nimmer einwilligen würde.

Nach einer kurzen Pause, als Tanase Anica zu einem weiteren Tanz einlud, wurde es der Mutter zu viel. Mit zornigen Blicken und entschiedenem Handeln ging sie zu Anica hin, riss sie während des Tanzes an der Hand und sagte: „Du kommst mit."

Für kurze Zeit herrschte unter den Versammelten so etwas wie Unbehagen, welches nach einigen Minuten von den lauten Musikklängen verdrängt wurde. Als Mutter und Tochter weggingen, Anicas Traurigkeit vermischte sich mit Schwerelosigkeit. Auf dem Weg nach Hause glaubte sie zu schweben,

trotz der Schwere des Herzens. Die unfreund-
lichen Worte der Mutter erreichten sie nicht
mehr. Sie war von Tanase erfüllt, trotz der
aussichtslosen Situation, in der sie sich befand.
Dieser Kirtag sollte ihr weiteres Schicksal
bestimmen, ihres und das von Tanase.

Es folgten geheime Treffen, meistens bei ihm
und im Schutz der Nächte. Oft trafen sie sich
auch im nahegelegenen Wald, wo die beiden
durch das Gestrüpp des Eichenwaldes Hand in
Hand gingen, ohne sich ein Wort zu sagen.

Doch die geheimen Treffen der Liebenden
blieben nicht ohne Folgen. Anica wurde
schwanger. Ein uneheliches Kind auf die Welt
zu bringen, sie, als Tochter einer angesehenen
Bauernfamilie, wiegte schwerer als ein Mord.
Tanase schwebte im Glück, er hätte sie lieber
heute als morgen geheiratet, doch so einfach
war die Situation nicht.

 Eines Tages fassten sie gemeinsam einen
Entschluss, der vorsah, am Christtag, der vor
der Türe stand, dass Tanase in Begleitung
seiner Mutter, zu Anicas Eltern kommen sollten,
wo er um ihre Hand anhalten wollte. Dieser
Besuch endete katastrophal. Anicas Mutter
sagte mit sicherer Stimme: „In meinem Hof hat
ein solch Dahergelaufener keinen Platz."

Sie zerrte Anica, die zu Tanase hinlaufen wollte, zu sich zurück und schloss die Türe von innen. Nun befand sich Anica, da ihre Liebesbeziehung zu Tanase bekannt war, unter strenger Beobachtung der Mutter. Kurz nach Weihnachten, in einer sternenklaren Nacht, ohne, dass es ihre Mutter bemerkt hatte, gelang es Anica, zu Tanase zu flüchten. Sie wollte noch einmal mit ihm über die prekäre Situation, in der sie sich befand, reden, ob sich nicht doch ein Weg fände, der zu einem glücklichen Ende führen sollte. Sie musste vor dem Morgengrauen zu Hause sein, ehe ihre Mutter aufwachte, doch der Plan ging nicht auf. Gerade an diesem Morgen, der noch am Saum der Nacht hing und die Stille des Dorfes mit dem letzten Traum kokettierte, ging Anicas Mutter noch in ihrem knielangen, weiten Nachthemd, durch den langen, völlig im Finstern befindlichen Gang, bis zu der Türe, wo Anicas Zimmer war. Sie wollte Anica früher als sonst aufwecken, da es an diesem Tag viel Arbeit am Hof gab, wo jeder seine Aufgabe hatte. Anica sollte mit dem Vater zur Mühle fahren, doch sie war nicht im Zimmer. Während ihre Mutter, in höchster Aufregung, zu ihren Mann ins Schlafzimmer zurücklief, traf Anica im Haus ein. Eine halbe Stunde früher, wäre sie unentdeckt geblieben, nun war an der Situation nichts mehr zu ändern. Die drohenden Worte der Mutter trafen Anica wie

giftige Pfeile; Es fiel sogar das Wort „enterben",
sollte sie nicht zur Vernunft kommen. Anica
fuhr trotzdem mit ihrem Vater, der sich ver-
ständnisvoller zeigte, zur Mühle. Am Abend, als
sie nach Hause kamen und die Mutter noch
immer in Streitstimmung war, lief Anica in ihrer
Verzweiflung mit einer bis dahin ungeahnten
Stärke zu ihrem Geliebten. Sie schlang einen
Arm um seinen Hals und schmiegte sich an
seinen Körper, jeden Augenblick bereit, mit
ihm zu sterben oder mit ihm zu leben. Ihre
Mutter lief ihr schreiend nach: „Für mich bist du
gestorben!"

Anica musste wieder nach Hause, in Beglei-
tung ihrer tobenden Mutter.

Kurze Zeit später rief der Vater nach Anica, er
wollte mit ihr reden, doch sie war nirgends zu
finden. Dann ging der Knecht nach ihr suchen,
doch plötzlich erreichte den Vater ein grelles
Geschrei, der im Obstgarten war. „Anica stirbt,
sie liegt am Boden und wälzt sich vor Schmer-
zen", schrie der Knecht. Niemand wusste, was
passiert war. Der Vater lief zu ihr hin, auch die
Mutter. Die Ursache ihres Zustandes, der in
kurzer Zeit zum Tode führen würde, machte die
Eltern zutiefst betroffen. Unmittelbar danach
fand der Vater in der Sommerküche eine leere
Flasche, die hochkonzentriertes Gift beinhalte-
te, welches für die Bekämpfung der Schäd-
linge bestimmt war. Wie schon erwähnt, war

Anica schwanger und sie sah keinen anderen Ausweg aus der Situation und wählte den Weg des Selbstmordes durch qualvolle Vergiftung. Die traurige Meldung fegte wie ein Feuerbusch durch das Dorf und die Trauer erfasste die ganze Umgebung.

Das Unglück, das noch lange nicht am Ende war, nahm seinen Lauf......

Doch meine Großmutter wollte mir den Fortgang des Geschehens ein anderes Mal erzählen, für den Moment wäre alles zu traurig – so sagte sie mir.

Nun zurück zu Margareta: Da sie kein Kind der Traurigkeit war, schwenkte sie um und erzählte weiterhin lustige Geschichten. Zum Beispiel sagte sie, dass die jungen Mädchen, denen sie die Kleider nähte, schöner als die Schaufensterpuppen waren, was die Mädchen natürlich sehr freute.

Der Spiegel, der halb zerkratzt und halb mit zerbrochenem Glas im Eck stand, gab bei der Anprobe nur ein schleierhaftes Bild des Kleides wieder und dennoch störte sich niemand daran; Es war so, anders kannten sie es nicht. Dies bewies, dass das Glück in der Einstellung des Geistes liegt und nicht in dem materiellen Reichtum. Margareta kannte kein gehetztes Dasein; Gelassenheit und Heiterkeit bestimmten ihr Leben. Bitterkeit, Unzufriedenheit ließ sie nicht in ihrer Seele aufkommen. Durch ihre natürliche, positive Art zeigte sie den Menschen, dass auch ein einfaches, unscheinbares Leben Erfüllung bringen kann.

Mein Hund der Harras

Stolzer als ein Preisgekrönter
Fest von sich selbst überzeugt
Wenn auch nicht mehr jung, der Harras
Vor ihm jeder Hund sich beugt
Viel mehr jede Hundedame
Seinem reifen Charme verfällt
Ist er doch ein Hund mit Klasse
Und so ein Benehmen zählt
In den Studienjahren
Lernte er mit Fleiß und gern
Wie man sich benehmen sollte
Gegenüber seinem Herrn
In der Heimat seiner Kindheit
War bekannt er als Genie
Und sein Lieblingsfach war damals
Gewiss die Geographie
Weit und breit in jener Gegend
Rund umher in Ebenland
Unserem Harras wie kein Zweiter
Jeder Wald war ihm bekannt
Dort wo Reh waren und Fasane
War auch er meistens präsent

Um sich sportlich zu betätigen
Eben ein Naturtalent
Heute ist in seinem Leben
Etwas Ruhe eingekehrt
Einem Hasen nachzulaufen
Ist ihm nicht ein „Jota" wert
Seine Freundlichkeit ganz sicher
Großes Staunen kann erwecken
Denn er würde zweifelsohne
Jedem Dieb die Hände lecken
Auf der Hausbank friedlich schlummernd
Spitzt er ab und zu die Ohren
Denn so mancher Artgenosse
Traut sich seine Ruh' zu stören
Pflicht ist nach wie vor – versteht sich
Der Spaziergang in der Au
Hund und Frauchen täglich laufen
Freudig schon im Morgengrau

Ich geh durchs Leben gern mit ihm
Und bis zum Schluss wir bleiben ein Team!

Nachbars Motorradl

Kurz noch vor der Pension
Mein Nachbar sagt in freundlich´m Ton
Zur Gerti, seiner Ehefrau
„Ich wett' mit dir, dass ich mich trau
Ein schickes Motorrad zu fahren
Wir müssen noch ein bisschen sparen
Und nach den Winterfeiertagen
Im Monat Mai, ich würde sagen
Soll das Gefährt in unserem Garten
Fahrbereit auf uns zwei warten
Bis dorthin wir müssen weiter,
Noch per per pedes hatschen, leider
Ich brauche noch den Führerschein
Doch für meinen Geist ich mein
Darf´s nicht allzu schwierig sein"
Nach kurzer Zeit, wird dann erlaubt
Nachdem das Fahrzeug schon gekauft
Die Übungsfahrten ganz legal
In der Fahrschule seiner Wahl.

Er kurbelt her, er kurbelt hin
Die Straße wird zu schmal für ihn
Das Vorderrad spielt ganz verrückt
Die Bremse ist auch fast kaputt
Auf dem Übungsplatz herrscht Spannung
Niemand hat die kleinste Ahnung
Wie das böse Spiel noch endet
Ob sich sein Los zum Guten wendet?

Geht der Horror bald zu Ende?
Sein Glück legt er in Gottes Hände.

Im nächsten Augenblick wird's still
Geräusche hört er nicht mehr viel
Die Siebzig-Pferdestärke-Kraft
Hat der Maschine Motorsaft
Den allerletzten Tropf' entnommen.

Der arme Mann total benommen
Merkt nach allerletzter Tour
Dass die Maschine nicht mehr fuhr
Das Gute, was ihm Gott gegeben
Er durfte schließlich weiterleben
Abgekämpft mit bitterer Miene
Sagt er: „Die blöde Schnellmaschine
Liegt gar nicht mehr in meinem Sinne
Ich schenk' sie dir - ‚Loisibua'
Nimm das Gefährt und fahre nur
Ich schwör' vor Gott gleich jetzt und hier
Ich geh zu Fuß und trinke weiterhin mein Bier"

Party beim Tierkreiszeichen Fisch

Der Fisch, gastfreundlich wie er ist
Lädt er eines Abends ein
Zu sich die anderen elf Sternzeichen
Er will halt nicht alleine sein
Beim vegetarischen Sushi
Das sah zum Anbeißen aus
Dazu der Weißwein, lieblich duftend
Geholt aus dem Lagerhaus
Entfaltet er in feinen Gläsern
Aromatisch sein Bukett
Und daneben gar nicht minder
Das großzügige Buffet.

Doch plötzlich des Fisches Stimmung
Schien nicht so leicht erträglich
Er steht ganz allein am Eck
Seine Beine unbeweglich
Denn er hört den lieben Widder
Wie er sich laut beklagt
Dass das Kerzenlicht zu dunkel
Und ganz aufgeregt er fragt
Ob nicht heller eine Glühbirne wäre
 Eine so mit 100 Watt.

Der Stier daneben, er sagt nix
Doch der Fisch sieht ihm an
dass er dieser Sushi-Speise
Gar nichts abgewinnen kann
Wo er Fleischesser ist

Und doch er bewahrt die Ruh
Und beginnt trotzdem zu essen
Der Hunger treibt ihn dazu.

Der Zwilling fängt an zu debattieren
In seinem intellektuellen Ton
Recht bemüht er will entschärfen
Die heikle Situation
Und plappert sich dabei um Kopf und Kragen
Und niemand hört ihm zu
Und schon gar niemand will es wagen
Zu unterbrechen seine Redewut
Doch das stört Ihn nicht
Die Pflicht hat er erfüllt.

Der Krebs, einfühlsam wie er ist
Wirkt sehr bedrückt
Seinen Cousin, den Fisch
Will er aufmuntern
Doch er kommt nie zu Wort
Und schluckt in sich hinein
Vom Schmerz verzerrt
Denkt er – was für eine raue Gesellschaft
Auf der Welt!

Der Löwe, fassungslos, versteht gar nicht
Was die alle wollen
Und schnappt sich ungeniert
Die größte Platte mit vielen Leckereien
Und denkt sich wahrlich nichts dabei.

Die Jungfrau – mein Lieblingstierkreiszeichen
Zunächst stumm
Schaut sich entsetzt in der Fische-Küche um
Dann, vor sich hin nörgelnd
Geht sie auf den Fisch los
„Nie und niemals möcht ich leben
In diesem Küchenchaos"
Und fängt an, Brösel aufzusammeln
So gut sie kann.
Dass sie verärgert ist
Man sieht ihr deutlich an.

Die Waage, wie man weiß
Es liegt ihr viel daran
Die Stimmung aufzuheitern und regt sie an
Auf den Gastgeber anzustoßen
Doch der Wein ist alle
Der Fisch sichtlich betroffen
Wie kann so etwas sein?
„Warum vergess ich alles?"
Die Schläfen fest er hält
„Oh ja, ich hab vergessen
Ich leb in einer anderen Welt".

Der Skorpion sagt spießig:
„Der Fisch hat nur geträumt
Von vollen Weinkartons"
Daher dem armen Fischlein
Er milde Umstände einräumt
Der Skorpion in seiner Wortwahl
Nicht unbedingt galant

Geflissentlich vergisst er
Dass der Fisch sein Onkel ist
Na bitte – blutsverwandt.

Beim Schützen hat man den Eindruck
Es könnte ein anderer Wind wehen
Er überlegt, wie kommt man
Zu einem neuen Wein
Macht aber keine Anstalten, aufzustehen
Und etwas überfordert scheint er zu sein.

Doch wartet der Steinbock
Gewillt bietet er sich an
Zur Tankstelle zu fahren, also dann
Die Gesellschaft ist gerettet
Sagt der Fisch recht amüsiert
Und denkt sich im Verborgenen
Ein Glück, dass es Streber gibt.

Während jeder laut redet
Und sich ein Häppchen schnappt
Der Wassermann mit einer Flasche
Franzbranntwein
Und einem Schuss Zitronensaft – biologisch rein
Versucht – nur zur Überbrückung
Ein Getränk neu herzustellen
Schön, der Fisch will erst einmal davon trinken
Um seine Laune aufzuhellen
Seine Intuition sagt ihm
Dass von Glas zu Glas es wird
Lustiger der Partyabend

Und zweifellos hat er Recht damit.
Alle gegen Mitternacht leicht beschwipst
Sie lagen sich in den Armen, glückdurchflutet,
brüderlich und schwesterlich.

Resi und Peter

„Schau mich an, Peter! Meine Hose passt nicht
mehr, das T-Shirt liegt an meinen Schwimm-
reifen viel zu eng an! Ich kann mich nicht mehr
im Spiegel anschauen: und die Haare, mein
Gott, welch´ schöne Haare hab ich gehabt!
Eine dichte Pracht von Naturwellen, goi
Peter?!?"

Neben ihr sitzend – Peter (er hat in den letzten
Jahren oft genug die Beschwerden seiner Frau
über ihren älter gewordenen Körper anhören
müssen). „Jajaja", antwortete er mit einem
verschmitzten Lächeln.

„Ich esse viel weniger und Bewegung habe
ich auch genug! Stundenlang gehe ich mit
Nero spazieren, schwimmen tu ich auch, goi
Peter?!? Aber es nützt alles nichts. Ich bin zu
dick und wenn ich denke, wie schlank ich
einmal war, Kleidergröße 36/38 hab ich

getragen. Meine schmale Taille konntest du mit deinen Händen umfassen, goi Peter?!?"

Noch immer geduldig neben ihr sitzend, ohne viel zu sagen – viel mehr, ohne irgendwas zu sagen, wie denn auch? Sie führte das Gespräch ohne Unterbrechung. Mit seinem spitzbübischen Lächeln auf den Lippen traute er sich doch zwei Worte zu sagen: „Ja, Frauli".

Ein harmonisches Ehepaar, das auch nach fünfunddreißig Jahren Zusammenleben den Eindruck machte, glücklich zu sein. Man musste unwillkürlich lächeln, wenn man der sympathischen Resi, die ständig bemüht war, über sich selbst unzufrieden zu sein, immer nach idealer Figur strebend, zuhört. Resi – an sich eine gepflegte Frau - modisch gekleidet, in einem reiferen Alter, jedoch immer noch nett anzuschauen, hat die liebe Gewohnheit, sehr oft zum Arzt zu gehen. Zugegeben, sie überstand bereits mehrere Operationen, doch mit ihrer Kraft (ihr Tierkreiszeichen ist Stier), ist es leichter zu verstehen. Zuletzt, bei einem Hausarztbesuch, nachdem sie dem Doktor ihre „Wehwehchen" schilderte, beschloss der Mediziner, ihr eine Spritze zu verabreichen. Sie klagte über Schmerzen in der Gallengegend, doch nach der Untersuchung stellte der Arzt fest, dass es der Magen war, der ihr zu schaffen machte. „So", sagte er, „eine Spritze ins Gesäß und alles wird gut." „In meinen Hintern dürfen sie mir keine Spritze geben, wegen den Blutverdünnungstabletten, die ich nehmen muss. Und in den Arm will ich nicht." „Gut, dann bekommen Sie eine Infusion, das geht durch die Venen, Sie wissen schon." „Ja, das lasse ich mir einreden, aber: wenn die Flasche leer ist, sollen Sie mich davon sofort befreien. Ich kann nicht solange auf dem Rücken liegen, goi Peter?!?"

„In diesem Fall bleibt Ihr Mann bei Ihnen und wenn die Flasche leer wird – ich zeige ihm, was er tun soll – zieht er die Nadel heraus und Sie müssen nicht mehr warten." „Nein, das mache ich nicht mit! Mein Mann versteht viel vom Fußball, das schon … aber eine Kranken-pflegertätigkeit, wenn auch noch so klein, nein, das trau ich ihm nicht zu – lieber warte ich, bis Sie zwischendurch ein paar Sekunden Zeit haben." Geduldig sagte ihr der Doktor weiter: „Die Hausarbeit sollten Sie einige Tage vermeiden, denn auch das Herz, das einiges mitgemacht hat, des Öfteren Ruhe braucht." „ Herr Doktor, Sie haben leicht reden. Kurz nach meiner Herzoperation, also nach dem Spital-aufenthalt und nach drei weiteren Reha-wochen, kam ich nach Hause. Um mich wohl-zufühlen bat ich meinen Mann, den Boden zu saugen: was glauben Sie, was er antwortete? ‚Morgen, Frauli!' Und am nächsten Tag sagte er dasselbe: ‚Morgen, Frauli!' Ich weiß nicht mehr, wie oft er ‚Morgen, Frauli' sagte.

Ausgeschaut hat es in meiner Wohnung!!!!!!!!
Gott sei Dank war ich nach weiteren zwei
Wochen wieder in der Lage, meine Hausarbeit
selbst in die Hand zu nehmen. Wissen Sie, Herr
Doktor – mein Mann ist im Haushalt entbehr-
lich, doch mit dem Wohnmobil hat er mich
sicher und gerne in der halben Welt herum-
gefahren. Und so gleicht sich alles wieder aus,
goi Peter?!?"

Rocco, der Papagei

Die Geschichte, die nun folgt
Recht sympathisch finde ich
Denn die Handlung dieser Story
Ist außerordentlich
Wie ihr wisst, bei uns ins Tierheim
Kommen Tiere aller Sorten
Hunde, Katzen und so weiter
Und manchmal auch Exoten.

Nun in dem konkreten Fall
Handelt es sich, ich sag's einmal
Um einen wichtigen Akteur
Sein Name: Rocco, junior
Ein recht edles Exemplar
Mit Stammbaum zweifelsfrei
Aus dem wilden weiten Dschungel
Gattung: Ara Papagei.

Eines Tages, fest entschlossen
Aus dem alten kleinen Zwinger
Flog hinaus der schöne Rocco
Schnurgerade zu Herrn Klinger
Gleich nach dem ersten Treffen
(Karl und Rocco sind gemeint)
Fiel der Papagei in Rage
Denn von Anfang an, er wollte
Oben in die Chefetage.

Kaum war Karl in seiner Nähe
Ging schon los die Schimpferei
„Karl, du du, geh weg im Nu"
Chef bin ich, der Papagei.

Doch inzwischen hatte Rocco
Seine tolle Lust nach Streit abgelegt
Und zu ihm passend fand er
Eine andere Tätigkeit.
Auf der Schulter seines Herrlis
Stundenlang der Vogel harrt
Und der Chef kann sich verlassen
Auf den treuen Bodyguard
Klingers Ehefrau Maria
Hat´s inzwischen wirklich schwer
Denn der Vogel, dieser Ara
Kreischt mit Ton spektakulär
Greift sie an, zupft ihr die Haare
Und dann noch darüber lacht
Wissend, dass ihn lobt sein Herrli
„Bravo Rocco, gut gemacht."

Die Maria, Manuela
Die Christine – ich noch nicht
Alle haben blaue Flecken
Von dem Arabösewicht
Manchmal aus Langeweile
Denn nicht immer ist was los
Setzt er fort seine Attacken
(Zwecks der Übung)
An dem Hals bei seinem Boss
Nun, ein bisschen Schadenfreude
Mit Verlaub ist angebracht
Dieses Mal sagt die Maria
„Bravo Rocco – gut gemacht!"
Doch das paradoxerweise
Obwohl er uns ständig traktiert
Wird trotz seiner Unmanieren
Von uns allen heiß geliebt.

Sehnsucht nach der Großstadt

Für Nico, Bauernsohn aus einem kleinen Dorf, stand mit vierzehn Jahren fest, dass er kein Bauer werden will, zumal er sein Leben als zukünftiger Bauer entsetzlich langweilig fand und obendrein er keine Perspektive darin sah, um ein erfülltes Leben zu führen. Zum Verdruss seines Vaters, der ihn an eine Landwirtschafts-schule schicken wollte, entschied sich Nico Ingenieur zu werden. Die Gedanken, sein Leben in einer Großstadt zu verbringen, beschäftigten ihn schon seit seiner jüngsten Kindheit. Diese Entscheidung bedeutete für ihn die Freiheit, um sich auf das einzulassen, woran er glaubte, dass es das Beste für ihn war, und nicht das, was sein Vater ihm auf-zwingen wollte. Er nahm in Kauf, von seiner Familie als das „Schwarze Schaf" betrachtet zu werden und zielgerichtet, nach der Grund-schule inskribierte er an einem technischen Gymnasium in Kronstadt. Zwei Monate später fuhr ihn sein Vater, wenn auch widerwillig, nach Kronstadt, wo er ein sechsjähriges technisches Studium zu absolvieren hatte.

Neben dem Schulgebäude befand sich das Internat, wo Nico gemeinsam mit einem zweiten Jungen eine Einzimmerwohnung bekam, die mit einer Kochnische und einem kleinen Bad ausgestattet war. Nicos Vater konnte dieser bedrückenden Zimmerenge nichts abgewinnen. Bei seiner Rückfahrt in das Dorf gingen ihm unzählige Gedanken durch den Kopf; Es war ihm unbegreiflich, wie sein Sohn den großzügig im Grünen gelegenen Bauernhof gegen eine Einzimmerwohnung in der lärmenden Stadt tauschen konnte und sich darin noch glücklich fühlte. Doch mit diesen düsteren Gedanken musste er selbst fertig werden.

Nico kam sich vor, wie in einem Traum. Nachdem er seine Sachen in den zweiteiligen Schrank einiger Maßen ordentlich legte, ging er zu Fuß in die Stadt und war beeindruckt von den vielen Autos, den riesigen Gebäuden, von den Rolltreppen. Er ging bei einem Kino vorbei und stellte sich vor, bei sparsamem Umgang mit seinem Taschengeld sich ab und zu auch Dinge leisten zu können, die er nie zuvor gesehen hatte – wie zum Beispiel Filme auf einer großen Leinwand, Sportanlagen und dergleichen. Seitlich des Stadtzentrums wurde überall gegraben und gehämmert, offensichtlich wurde viel Geld in größere Bauobjekte investiert. Die aufstrebende Modernisierung dieser Stadt beeindruckte ihn und so ging ihm durch die Gedanken, später auch als Projektplaner zu arbeiten, seine Ideen zu verwirklichen, sich als Mitwirkender der Verschönerung der Stadt zu sehen.

Abseits der lärmenden Baustellen dehnte sich ein großzügiges Parkareal mit altem Baumbestand, dessen gewaltige Stämme von Blumenbeeten umsäumt waren, als zierlicher Kontrast zu den sanften Riesen. An der Südseite der Parkanlage befand sich das ehrwürdige, spätgotische Gotteshaus „Schwarze Kirche". Nico blieb einige Augenblicke vor dem Kircheneingang stehen und als religiös erzogenes Kin, bekreuzigte er sich dreimal so, wie er es auch in der Dorfkirche machte.

Er wirkte ruhiger und so stärkte sich sein Glaube, auf dem richtigen Weg zu sein.

Doch das pulsierende Leben spielte sich im Stadtzentrum ab; Die farbigen Reklametafeln, die Restaurants und Kaffeehäuser mit ihren Terrassen entlang der Straße, die aufgeregten Menschenstimmen, alles neue Eindrücke, die er vorher nicht kannte. Sie erzeugten in ihm eine überreizte Euphorie und dennoch bemühte er sich, dies als momentane Stimmung des Gemüts einzuordnen, ohne sie überzubewerten; Es war eine Komponente eines Ganzen in seiner neuen Umgebung, die ihm etwas Gewöhnung abverlangte.

Am Ende der Straße, einige Kilometer weiter entfernt, himmelwärts ragend, als Mahnmale der unterirdischen Kräfte, die irgendwann in

vergangenen Zeiten, ihre Unbändigkeit los
ließen, ragten die Karpatenwipfel.....

Seltsame Begegnung

Ein zauberhafter Abend in Gmunden
Auf der Esplanade saß ich auf einer Bank
Und schaute wie die Sonne in den See sank
Wahrhaftig traumerfüllte Stunden
Vergnügte Urlaubsgäste drehten ihre Runden
Wer weiß, in Gedanken vielleicht verbunden
Bilderbuchdekor um das Traunseeland
Zeigte sich großzügig im leuchtenden Gewand
Doch plötzlich stand vor mir ein unbekannter Mann
Ob er fesch aussah, ich nicht mehr sage kann
Er hatte auf der Schulter ´nen Rucksack aus Leinen
Das Antlitz ziemlich dunkel, die Haare so wie meine
Kurze, bunte Hose. T-Shirt aus Batist
Und in der Hand ein Handy, wie heut die Mode ist
Es auf dem Punkt zu bringen- ein Tourist
Bei uns sind nicht so viele wie in Bad Ischl halt
Dort ewig wohnt die Sehnsucht nach der
Kaiserstadt.

Nun zurückzukommen zu dem, was ich erlebt
An jenem Abend, der lebhaft vor mir schwebt
Zuerst ich nahm nicht wahr die männliche Gestalt
Und blickte in die Weite, genoss die Gegenwart
Dann - unerwartet wie aus einem Musikinstrument
Ertönte eine Stimme mit fremdländischem Akzent

Besagter Mann, stand wahrhaft da
Vor mir - seine Herkunft vielleicht Amerika
Oder aus einem anderen Land, mir war`s egal
Heute laufen Fremde überall
„Was will der", fragte ich mich und stand bereit
Davon zu rennen, doch ich kam nicht weit
Der Mann, an dem Kastanienbaum angelehnt
Sprach mich an: „Einen Moment please, Lady
Einen Moment"
Na Servus, dachte ich
Für diese Sprache bin ich Antitalent
Er: „Do you speak English?"
(Ich dachte, was will der Bösewicht?)
„Nein, mein Herr, Englisch sprech ich nicht"
Er: „Ok", sagt er, „Sie sprechen Deutsch
Madame?"
„Yes", meine Antwort wie aus der Flinte kam
Dann gab er mir sein Handy
„Ein Foto, please, nicht schwer"
„Ich bin kein Fotograf, mein Herr
Für solche Spielerei bin ich nicht ganz im Trendy"
Mit gequältem Lächeln gab ich ihm zurück das
Handy
Doch damit war nicht aus
Der Mann, er schien zu sein
Die Ruhe in Person und redete mir ein
Mehr mit der Körpersprache, dass ich es kann
Fotografieren. Im Gottes Namen, dann
Nahm ich das Wunderding noch einmal in die
Hand
Er stellte sich in Pose, im Hintergrund der glühende
Abendbrand
Nachdem er mir erklärte, mit Ruhe und Geduld
Auf welchem Knopf zu drücken sei

Bekam ich etwas Mut
Ein kurzer Klick und Wunder war geschehen
Erleichtert und befreit ich wollte gehen
Doch er schrie mir nach:
„Madame, Selfie, Selfie"
Dann sagte ich: „Moment, mein Name Petra,
 Ist nicht Elfi"
Er: "Gucken, Selfie" und zeigte mir das Bild
Es war mein Bild, verkrampft, ausdruckslos
Wie ein Hinweisschild
So sagte ich: „Mir gleich, ich habe Sie gewarnt
Dass Fotografieren nicht meine Stärke ist
Nehmen Sie mein Bild als Souvenir
Nicht oft erleben Sie ein solch Plaisir"
Doch zu meinem Leid, der Mann löschte das Ding
Und setzte fort mit einer andern Frau
Sein Fotoshooting
Dies Ereignis im Moment in mir erweckte
Einen tiefen Ehrgeiz, der vermutlich in mir steckte
Das nun mit meinem Handy bei Bedarf
Auch ich kann Fotos schießen, farbenfroh
Konturenscharf
Vorausgesetzt, ich hab das Handy mit
Das meist zu Haus ich vergess
Es ist mir oft passiert.

Ich weiß, die Technik rennt
Will nirgends stehen bleiben
Und übersieht dabei
Dass ich brauch Zeit zum Schreiben.

Tasia – die Ballettänzerin

Über meine Jugendgeschichten, die zum Großteil verstaubt sind, habe ich nicht viel Lust nachzudenken und weniger zu schreiben. Ich weiß nur, dass ich schon im Alter von 15 Jahren um meine Freiheit gekämpft habe, die ich als teuerstes Gut des Lebens betrachtete.

Ich kämpfte gegen das enge Erziehungskorsett, in das meine Eltern mich zwängten (ich war die einzige Gymnasiastin im Dorf und die Eltern bestanden darauf, mich von den anderen Jugendlichen abzugrenzen). Ich kämpfte gegen manche Schulkameradinnen, deren Eltern gesellschaftlich besser gestellt waren oder sich für „besser" hielten. Solche Kinder, die einen höheren Status genossen, wurden von den Lehrern bevorzugt und protegiert. Das empfand ich als höchst ungerecht, vor allem was die Benotung betraf. Doch meine gelegentlichen Proteste diesbezüglich oder Beschwerden wurden von manchen Lehrern ignoriert, ja verachtet und schlussendlich hatte ich das Nachsehen.

Ich möchte lieber die Geschichte meiner Cousine Tasia erzählen, die gegenwärtiger und irgendwie auch spannender ist. Naja, ich muss neidlos zugeben, dass sie eine gut aussehende, erfolgreiche junge Frau ist, wenn auch die Mittel, die zu ihrem Erfolg führten, eine Rolle gespielt haben. Sie ist Balletttänzerin in Kronstadt, in dem renommierten „Ioan Caragio Theater", was ihr natürlich Ansehen und Geld bringt.

Es war aber nicht immer so. Ihre Mutter als Alleinerzieherin – der Vater verstarb, als Tasia noch ein kleines Mädchen war – und mit einem sehr bescheidenen Einkommen (sie arbeitete als Aufräumerin in der Dorfschule) hat sie viele Entbehrungen auf sich nehmen müssen, um die Ballettschule ihrer Tochter zu finanzieren. Ich muss dazu sagen, dass Tasia alle Voraussetzungen für diesen Beruf erfüllte; Ein Meter und dreiundsiebzig Zentimeter groß, elegante Gangart, schlank, ja man konnte sagen, schon damals war sie von gewissen Primadonna-Allüren umhaucht und hielt sich geradezu prädestiniert für diesen künstlerischen Beruf. Tasia ist auch meine Freundin. Ich bin seit einem Jahr Krankenschwester, auch in Kronstadt, im allgemeinen Krankenhaus. An manchen Wochenenden besucht sie mich, aber eben selten. Sie hat einen Freund, einen Italiener, De Simoni heißt er, 20 Jahre älter als sie, aber das spielt für sie keine Rolle. Er ist ein vollendeter Gentleman, wohlhabend, großzügig, diskret und vor allem liebt er Tasia. Sein Aufenthalt in Bukarest ist, beruflich bedingt temporär, aber er nimmt sich genügend Zeit, um zwei bis dreimal in der Woche nach Kronstadt zu fahren.

Er hat ihr eine Wohnung gekauft, ein Auto und er kleidet sie mit Mode aus Italien ein. De Simoni ist verheiratet, seine Frau ist Alkoholikerin, jedoch seine Stellung in der Gesellschaft und seine religiöse Einstellung sind mit einer Scheidung inkompatibel. Er ist nun einmal ein Mann mit gewissen, festen Prinzipien. Tasia scheint das nicht zu stören, da sie keine Absichten zum Heiraten hat. Ich muss noch erwähnen, dass sie das letzte Ausbildungsjahr nur mit De Simonis finanzieller Unterstützung beenden konnte. Sie hat ihn vor 3 Jahren bei einem Ballettabend kennengelernt, seitdem sind sie ein Liebespaar ohne feste Zukunftspläne. Sie kann jetzt auch ihre Mutter finanziell unterstützen, wenn sie auch nach wie vor als Aufräumerin arbeitet; Sie will später ihre eigene Pension haben, das ist ihr wichtig.

An unseren wenigen Wochenenden, an denen wir uns treffen, reden wir so, als liege hinter uns eine ferne Vergangenheit. Wir reden über unsere Ausbildung, die gleichzeitig stattgefunden hat, wenn auch in unterschiedlichen Richtungen, mit einem gewissen Stolz, wie stark unser Wille war, um zu erreichen, was wir uns vorgenommen hatten. Ich schrieb sogar ein Gedicht diesbezüglich, das uns Mut und Zuversicht machte.

Das Gedicht habe ich noch in Erinnerung:

„Es gibt nichts, was man nicht kann
Wenn der Wille in Dir brennt
Der Geist sich dazu bekennt
So ein kraftvolles Gespann
Von der Liebe angetrieben
Mit Buchstaben großgeschrieben
Auf der Stirn, das edle Ziel
Man erreicht es was man will!"

Ein fixes Vorhaben ihres Dorfaufenthaltes ist
der Besuch auf dem kleinen Friedhof, welcher
mit einer niedrigen Mauer umgeben ist, gleich
neben der Kirche, wo das Grab mit den
Überresten ihres Vaters ist. Sie hat dafür
gesorgt, dass die gesamte Grabfläche, die
zuerst sehr bescheiden war, nun durch eine
schmuckvolle Abdeckung ersetzt wurde.

Tierische Unterhaltung

Ich ging mit Harras wie gewohnt spazieren
Entlang der Traun, unserer Lieblingsau
Eines Tages sollt's passieren
Kam mir entgegen eine nette Frau.

Von ihrem kleinen Hund begleitet
Es klingt ein bisschen paradox
Doch ihr Hund hieß Max und hatte
Die Körpergröße von einem Mops.

Etwas untersetzt der Kleine
Ziemlich mürrisch im Gesicht
Glattes Fell und kurze Beine
Und etwas zu viel Gewicht.

Mit dem Schwung des Leoparden
Stürzt' er sich zum Harras hin
Laut keuchend aus der Kehle
Nach dem Motto - Wer ich bin!

Harras ist bei Fuß geblieben
Seine Kraft doch wurde wach
Dachte er – nur nicht provozieren lassen
Der Gescheitere gibt nach.

Max der kleine Mops, er wollte
Unbedingt den vollen Streit
Und man hörte sein Gezänke
Wie ein Donner ziemlich weit.

Überlegt, des Sieges sicher
Sagte Harras zum Rebell
In dem Ton gereizt ein bisschen
„Hörst du auf mit dem Gebell".

„Schau mich an, du kleiner Maxi
Zum Vergleich – wer bist du?
Nur ein Zwerg – ein Minnihundl'
Und ein Kläffer noch dazu!"

„Du willst deine Kräfte messen
Mit den meinen? – sei gemahnt
Lieber Maxi – ich frag dich höflich
Hast' verloren den Verstand?"

„Ich bin groß und ziemlich kräftig
Meine Zähne sind gesund
Und man sagt ich wär' noch immer
Ein kraftvoller Schäferhund".

Aussichtslos seine Lage
Zähneknirschend sieht er ein,
Dass er sich total verschätzte
Ist er klüger nun? – kann sein.

So ging er zu seinem Frauchen
Aus den Augen Tränen goss
Mit gesenktem Blick entwaffnet
Sprang er auf des Frauchens Schoß.

Trost und viele Streicheleien
Bekam er in seiner Not
Dachte er – „ich der Blamierte
Bin der größte Idiot".

Und ewig die Liebe

Nach dem zu frühen Tod ihres Mannes hatte
Erika Angst, in dem ihr fremd gewordenen
Haus allein zu bleiben. Diese sonderbare
Fremdheit, die sie nie zuvor gefühlt hatte, folge
dessen auch nicht vorauszusehen war, ent-
stand durch die Leere, die ihr verstorbener
Mann hinterließ.

Es verging ein Jahr nach dem Begräbnis und
die Trauer durfte nicht zu einem Dauerzustand
werden, dazu war sie noch zu jung. Mit sieben-
undvierzig Jahren entschied sie sich für den
Beginn eines neuen Lebensabschnittes, sie
wollte nicht länger in dem Haus, das sie nur als
eine Anhäufung von Ziegelsteinen und Holz-
balken ansah, leben. Der Garten rund um das
Haus mit seiner großen Vielfalt an bunten
Blumen, dem weißen Flieder mit dem unver-
wechselbaren süßen Duft, die schlanke
Trauerweide mit ihrem hängenden Geäst an
der Ostseite des Grundstückes, all diese Seelen
der Natur wird sie vermissen, das Haus nicht.

Während Erika sich von den Gedankenwellen treiben ließ, vernahm sie ein leichtes Geräusch im unteren Stockwerk des Hauses. Es war das Öffnen der Eingangstüre, die nicht versperrt war. Sie ging die Stufen nach unten, um zu sehen, wer es war - Simon, ein alter Bekannter der Familie, war schon mit einem Schritt im Vorzimmer. „Ich grüße dich, Erika", sagte er gutgelaunt.

Etwas erstaunt von dem unerwarteten Besuch strich sie ihr Haar aus den Augen, als sie zu ihm hinblickte, verbarg geschickt ihre kleine Aufregung, dann sagte sie mit heller Stimme: „Simon, was für eine Überraschung! Komm herein."

Dann machte sie ein paar Bemerkungen über das Wetter, wie ungewöhnlich heiß die Sommertage sind und dass sich die kosmischen Veränderungen nicht mehr verleugnen lassen. „Du hast recht Erika, die Welt ist ein bisschen verrückt geworden, warum soll das Wetter anders sein. Aber es gibt noch immer genügend schöne Dinge, die man nicht übersehen und sich daran freuen soll." Dann gingen sie in die Küche, die etwas unordentlich aussah, da Erika keinen Besuch erwartete. Außerdem war es ihr nicht so wichtig, eine sterile Wohnung zu haben. Ihre Interessen lagen woanders, neben der Tätigkeit als Lehrerin, die ihre Existenz sicherte, widmete sie ihre restliche Zeit der

Kunst – Malerei und Schreiben erfüllte ihr Dasein.

Simon war ein Mann, der stets auf sein Aussehen Acht gab. Bei seinem Besuch trug er ein blaues Hemd, eine helle Leinenhose, der Ledergürtel war an die cognacfarbenen Schuhe angepasst. Alles in allem ein sportlich elegantes Aussehen. Die reichliche Haarfülle, die sorgfältig geföhnt war, vervollständigte das Bild eines attraktiven Mannes.

Erika bot ihm einen Kaffee an, den er dankend annahm. „Sehr liebenswürdig von dir; ein Kaffee vormittags ist das richtige Getränk, um der Lebensfreude auf die Sprünge zu helfen." Da Erika Simons Ehefrau kannte – sie unterrichteten einige Jahre in derselben Schule – daher auch privat des Öfteren gemeinsame Ausflüge unternahmen, fand sie seinen Besuch nicht ungewöhnlich. Ja, das Gegenteil war der Fall; das half ihr die Grübeleien, die ihren Geist unnötigerweise beschäftigten, nach einigen Minuten zu unterbrechen und sie empfand seine Gesellschaft wohltuend. Es entstand eine zwangslose Unterhaltung, ohne den Geist zu verrenken, ein schwelgerisches Empfinden, etwas Neues, Lebendiges, nach so langer Trauerzeit. Sie verspürte das Bedürfnis aus der Einsamkeit, in die sie sich freiwillig begab, auszubrechen, sie wollte das „erlahmendes Weitergehen", das sich durch die Monate hindurch in ihrem Dasein festigte, durch sprengen, um zu dem vorigen Zustand der Zuversicht, der Begeisterung, der Lebensbejahung wieder zu gelangen.

Je länger das Gespräch sich zog, desto freie fühlte sich Erika. Sie ließ sich unbewusst auf ein Spiel ein, ohne zu merken, wie hinterlistig unzählige, hauchdünne Fäden, wie Spinnengewebe um ihren Körper sich wickelten, um dann bis zu ihrem Herz zu gelangen.

So beiläufig erwähnte Simon, dass, obwohl er verheiratet war und seine Ehe von der Außenwelt als gute Ehe angesehen wurde, die Wirklichkeit eine ganz andere war. Seine Tätigkeit als selbständiger Unternehmer sicherte ein solides Einkommen für die ganze Familie. Ihm blieb trotzdem genügend Freizeit, um die Obmannschaft eines sozialen Vereines erfolgreich zu führen. Er fühlte sich wohl unter Menschen, hatte die Begabung gut zu organisieren und die Menschen zu motivieren, sein Dasein hieß Bewegung. Gerne hätte er auch seine Frau zumindest teilweise dabeigehabt, um die gemeinsamen Interessen zu teilen, gemeinsam daran zu wachsen. Sie aber machte all diese Dinge nicht mit. Die Kluft zwischen ihm und seiner Frau war die unüberwindbare Trennung zwischen dem Tatenmenschen und der psychisch labilen Frau.

Diese traurige Tatsache blieb lange Zeit ein Geheimnis im engsten Familienkreis. Erst später, als sie frühzeitig auf Grund ihrer Erkrankung in den Ruhestand ging, wurde für kurze Zeit und ohne großes Aufsehen darüber geredet. Aber bekanntlich verdrängen neue Ereignisse die alten, die mit den Wellen der Vergänglichkeit schwimmen; zurück bleiben nur vage Erinnerungen, die die Gegenwart nicht mehr reizen können.

Einige Tage vergingen. Erika war mit der Veräußerung ihres Hauses beschäftigt und gleichzeitig mit der Suche einer Wohnung in Gmunden: eine überschaubare Stadt und dennoch bot ihr diese mehr kulturelle Möglichkeiten. Neben ihrer beruflichen Tätigkeit blieb ihr auch genügend Freizeit für ihre Hobbys – Malen stand ganz hoch auf ihrer Liste. Der Hausverkauf ging Hand in Hand mit dem Wohnungskauf, schnell und problemlos. Somit wurde ihr ein größeres Spektrum ermöglicht, ein Leben, welches sie in Berührung mit einer größeren Welt brachte und sich ganz an ihren Wünschen und Vorstellungen orientierte. Ein Gefühl der neuen Taten, des Tuns machte sie glücklich. Die Vergangenheit ließ sie hinter sich ruhen, ohne sie zu verdammen.

Die Färbung des Waldes ließ keinen Zweifel mehr, dass der Sommer vorüber war. Zugegeben, Erikas Umzug aus dem schmucken Haus in die nicht weniger attraktive Stadtwohnung geschah mit einer gewissen Wehmut, zumal ihre Haustiere – zwei Hunde, die sie sehr liebte, in dem Gartenboden ihre letzte Ruhe fanden.

Sie unterrichtete nach wie vor in derselben Schule, somit blieb neben den neu gewonnenen Bekanntschaften auch der Kontakt zu den alten Freunden erhalten. Also versäumte auch Simon nicht, Erika in der neuen Wohnung zu besuchen, da er in einer nahegelegenen Ortschaft wohnte. Es gelang ihm, mit seiner durchaus charmanten Art, sie für seinen Verein als Mitglied zu gewinnen. Sie wurde sogar seine Stellvertreterin.

 War sein Bemühen rein freundschaftlich? Oder handelte er nach einem gut durchdachten Plan, oder war es nur die Freude, ein neues, engagiertes Mitglied zu gewinnen? Oder nahm er den Kampf auf mit all den Gefahren eines glühenden Gefühls, das sich noch im Verbogenen hielt und es nicht mehr verborgen bleiben wollte, bereit zu sein, die davon resultierenden Konsequenzen in Kauf zu nehmen? Er entschied sich, dies als einen Teil seines Lebens anzusehen; das Schwere oder

das Beglückende, obwohl das Zweite ihm
lieber wäre.

Es war Wochenende, kurz vor Weihnachten.
Simon organisierte einen Vereinsausflug nach
Salzburg ins Casino. In seiner Luxuslimousine
fuhren noch ein Ehepaar und Erika mit. Sein
Verhalten Erika gegenüber schien an diesem
Abend etwas merkwürdig zu sein. Es war so, als
würde er ihr etwas sagen wollen und fand
nicht die richtigen Worte dafür. Gegen Mitter-
nacht, auf der Rückfahrt, fuhr er zuerst das
Ehepaar nach Hause, obwohl es einfacher
gewesen wäre, Erika auf dem direkten Weg
bei ihrer Wohnung aussteigen zu lassen. Etwa
verwundert fragte sie, ohne sich etwas dabei
zu denken: „Wohin fährst du denn!" Daraufhin
gab er ihr keine Antwort, also fragte sie nicht
weiter. Das Ehepaar stieg aus, dann drehte er
sein Auto um und fuhr den Weg zu Erika. Noch
ehe sie ausstieg, fragte er fast draufgänge-
risch: „Einen Kaffee habe ich mir schon
verdient, darf ich mitgehen in die Wohnung?"
Erika dachte sich noch immer nichts dabei
und willigte ein. Sie waren Freunde, mehr
nicht, so dachte sie. Doch in dieser Nacht
schien alles anders zu sein. Während sie ihm
den Kaffee servierte, bekam sie unerwartet
einen Kuss auf die Lippen, sie war weg. Simon
traute sich etwas, was sie nicht vermutet
hatte. Dann folgte ein zweiter, länger anhal-
tender Kuss, den sie zwar als angenehm

empfand, zugleich aber sie total verun-
sicherte.

„Simon, du bist verheiratet. Dieses Spiel mache
ich nicht mit."

Ihr Lebensvorsatz, nie mit einem verheirateten
Mann eine Beziehung einzugehen, verlor in
dieser Nacht seine Bedeutung. Liebte auch sie
Simon insgeheim? Doch ihr Verstand ließ nicht
zu, etwas Verbotenes anzufangen. Die mäch-
tigen Gefühle, die auch in ihrem Inneren
schlummerten, sprangen über die verbotene
Grenze, fielen sich in die Arme, umschlangen
sich, eine verwirrende Zärtlichkeit überwältigte
sie; jeder Augenblick, der verging, fügte noch
mehr Glück hinzu. Es war ein Zustand der
herrlichen Leichtigkeit, weil sie sich eingestan-
den hatte, dass sie Simon liebte. Sie tat im
Geiste und im Herzen den entscheidenden
Schritt. Leidenschaftliches Verlangen löste
schreckliche körperliche Unruhe in ihr aus, die
unregelmäßigen Herzschläge erschwerten ihr
das Atmen, Zeit und Raum verloren ihre
Bedeutung. Als sie nach ungewisser Zeit zu sich
kam, legte sie eine CD von „Milva" ein – ihre
Lieblingsmusik. Diese Stimme, die „Göttliches"
in sich hat, erfüllte zusätzlich den Raum mit
Sinnlichkeit. Simon machte ihr ein Kompliment,
wie entzückend sie in dieser Nacht aussah, sie
wollte mehr davon hören, jedoch in diesem

unwirklichen Zustand versagten ihm die Worte – er war nur glücklich.

Wochenmarkt in Gmunden

Salzkammergutherz hat einen Namen: Gmunden, die überschaubare Stadt mit Naturreizen nicht geizend, am Nordufer des Traunsees, am Fuße des Bergmassives Traunstein, dessen Höhe bis auf 1.700 m sich auftürmt und seit 1280 das Stadtwappen ziert.

An der westlichen Seite des Stadtplatzes befindet sich das Rathaus mit seiner bunten Fassade und dem Keramik-Glockenspiel, das seit dem 16. Jahrhundert als hör- und sichtbares Wahrzeichen der Stadt, seine immer gleich klingenden Laute schlägt. Östlich des Platzes – Hotel Schwan – ein vierstöckiges, geschichtsverbergendes Haus, dessen zeitlose Architektur sich harmonisch in das Stadtbild einfügt. Seine großzügige Terrasse mit weitem Blick auf den Traunsee regt den Betrachter zum Träumen an. Es ist eine kleine freie Bühne unter dem Gmundner Himmel, wo man die leuchtende Schönheit der Landschaft genießen kann, ohne das Gefühl zu verspüren, satt zu sein. Herrgott hat es mit diesem Stück Erde gut gemeint.

Es ist Dienstag und Wochenmarkt am Stadtplatz, der gleich an das Seeufer angrenzt; Eine Tradition, die an ihrer Beliebt- und Belebtheit sowohl damals vor vielen Jahrzehnten sowie auch jetzt nichts eingebüßt hat. Es ist der wöchentliche Treffpunkt der Ansässigen wie auch derjenigen aus der Umgebung schlechthin. Stolz sind die Gmundner auf ihre Tradition, wenn auch ein Hauch von Überheblichkeit noch aus der Zeit des „weißen Goldes" zu vernehmen ist, da Gmunden der florierende Handelsplatz des Salzes war, wo sich eine gewisse Eliteschicht heraus kristallisierte, die mit der Veränderung der Zeit bis heute noch zu kämpfen hat.

Das laute Marktgetöse, das schon frühmorgens, den noch im Dämmerschlaf befindlichen Stadtplatz wachrüttelt, vermischt sich mit dem kreischenden Möwengezänk sowie mit gleichmäßigen Keramikglockenspiellauten vom Rathaus, die ruhelos die Tageszeit schlagen. Ein paar Dutzend Holzstände kreuz und quer über den geräumigen Platz aufgestellt, bieten den wählerischen Hausfrauen ein reichliches Angebot an frisch geerntetem Spargel und Kohl, aus den unweit liegenden Bauernhöfen Suppenkräuter, Weißkraut und grünblättrigen Fenchel sowie Fisolenschotten, breit oder rundförmig.

Äpfel gibt es da nach jedem Geschmack, welche mit appetitlich gelb eingefärbter Schale oder rötlich flammenden Backen, Pflaumen, große und kleine, in den dunkelviolett nuancierten Farben, aber auch schwarze und grüne Oliven aus Griechenland werden gerne gekauft.

Am Rande des Marktes, einige Meter vom Seeufer entfernt, befinden sich die Fleischstände mit ihren im Überfluss anbietenden Produkten, teils in Bioqualität oder aus Massentierhaltung (was für ein unschönes Wort). Gleich daneben brät eine Verkäuferin Hühnerflügel. Der appetitanregende Duft verfehlt seine Wirkung nicht, so bleibt die Bratpfanne bis mittags in Betrieb, die Zeit, wenn der Markt zu Ende geht.

In dem Gewühl der Menschenmenge, mitten drinnen, versucht ein Straßenmusikant mit seiner Ziehharmonika sein Glück zu erspielen, daneben ein alter Hut, in den gelegentlich ein Euro hineinfällt. Dann bedankt er sich mit einer fast unterwürfigen Körperhaltung und spielt weiter seine falsch klingenden traurigen Melodien, niemand klatscht, aber daran hat er sich gewöhnt.
Zwischendurch unterbrechen die Töne des Glockenspiels das erregte Geschwätz am Marktplatz. An der Verlängerung des Rathauses befindet sich das Kaffeehaus „Brandl",

dessen Gastgarten - vor allem in der warmen Jahreszeit - aus allen Nähten platzt. Junge und alte Leute nehmen gerne das reichliche Frühstücksangebot in Anspruch, noch ehe sie die nötigen Einkäufe tätigen.

Die Uhr des Kirchenturmes, der hoch über der Stadt thront, schlägt Mittagszeit, der Marktplatz lichtet sich langsam, das bunte Treiben verlagert sich auf die unmittelbar angrenzende Hauptstraße, die Menschen drängen sich gruppenweise in die steilen, schmalen Gassen mit ihren hohen Gemäuern, wo der Schatten kein Sonnenlicht vermisst und die Menschen, die da wohnen, keine Traurigkeit kennen. Wer hier wohnt, wohnt im Einklang mit Gmundner Geschichten, die von den lebendigen Häusern rundherum jeden Tag erzählt werden, ohne den Zwang, alles verstehen zu müssen, nur sich daran freuen!

Im Glanz der Frühsommersonne liegt nun die ruhig gewordene Stadt, das wie ein kleines Königreich, wo das Gemurmel der Traunsee-Wellen wie eine liebliche Chopinmelodie die Stadt durchdringt und verliert sich irgendwo in der weiten sehnsuchtstragenden Seele des Salzkammergutes. Der Berg scheint von einer unsichtbaren Heiligkeit gestreift zu sein, so hell und glanzvoll zeigt sich sein Gipfel.

Es ist Dienstag und Wochenmarkt in Gmunden. Beim ersten Anblick würde man sagen, es ist nichts Außergewöhnliches und dennoch, diesem sehr weit zurückliegenden „Volksfest" liegt ein Geheimnis zu Grunde, ein Mythos, von dessen Zauberkraft die Gmundner zehren, als Teil des Daseins in ihrer Heimat.

Zwei Hundebesitzer

Herr Josef ging mit seinem Hund „El Greco", den er aus Griechenland mitgebracht hatte – er rettete ihn aus schlechter Haltung – gewissenhaft spazieren. An sich nichts einzuwenden, eher im Gegenteil: sehr lobenswert. Der Hund durfte auch freilaufen, doch das Malheur war – er hatte das Folgen nicht gelernt.

Frau Gerlinde wohnte in selben Haus, im Froschberg, eine vornehme Gegend in Linz, so wie Herr Josef. Und auch sie führte jeden Tag gewissenhaft ihren Schäferhund „Arco" spazieren.

Herr Josef stand sehr bald auf, hoffend, alleine in dieser Frühstunde unterwegs mit „El Greco" zu sein. Auch Frau Gerlinde dachte dasselbe und ging schon um 5:30 Uhr mit „Arco" spazieren. Auch „Arco" durfte frei laufen. Nur: im Gegensatz zu „El Greco" hatte er das Folgen in der Hundeschule gelernt. Drei Diplome hatte er schon – alle mit Auszeichnung – absolviert.

An einem Sonntag, sehr früh, wie ich schon erwähnt hatte, trafen sich die zwei Hundebesitzer – zum Ärgernis der Frau Gerlinde.

Sie sah von Weitem, wie „El Greco" wie ein Wirbelsturm zu ihrem „Arco" hersauste, trotz dem lauten Rufen seines Herrchens und er wollte sich unbedingt, als wäre er lebensmüde, seine eher mittelmäßigen Kräfte mit den Kräften von „Arco" messen. Der Schäferhund blieb bei „Fuß" – so wie er es in der Schule gelernt hatte. Doch beißen lassen, noch dazu von so einem kleinen Kläffer, das wollte er doch nicht.

Frau Gerlinde versuchte mit lauter Stimme „El Greco" zu verjagen und hoffte, dass sein Besitzer, der gemütlich daherkam, doch in das Geschehen eingreifen würde. „ Er tut eh´ nix!" schrie er Frau Gerlinde entgegen, „spielen will er!"

„Sie! Mein Hund spielt nicht! Er ist schon neun Jahre alt, er mag nicht, wenn ein anderer Hund zu ihm kommt, noch dazu so ein Ungezogener, wie der Ihrige!" „Eh´ klar! Schäferhund eben: bissig, aggressiv, rauflustig – das kennen wir schon!" „Sie sind doch viel ärger, als Ihr Hund! Haben Sie von einer

Hundeschule schon gehört? Dort lernen in erster Linie die Hundebesitzer Manieren – und dann die Hunde! So eine Schule empfehle ich Ihnen!"

Vor lauter Hin und Her, Geschreiduelle zwischen den Hundebesitzern, vergaßen sie ihre Hunde, die sich vor lauter Übermut in den sich daneben befindenden Wald mit Fangspielen vergnügten. Frau Gerlinde merkte als Erste, dass „Arco" nicht mehr „bei Fuß" stand. Mit aufgeregter Stimme fing sie an, den Hund zu rufen: „Arco, hier her zum Frauli! Fuß, Arco!" Dann, dem Herrn Josef böse Blicke zuwerfend: „Sie, Sie unmöglicher Mensch! Ihnen müsste man den Hund wegnehmen! Sie haben keine Ahnung von Hundehaltung!"

„Regen Sie sich nicht zu viel auf, es könnte Ihrer Gesundheit schaden! Schauen Sie in den Wald hinein – schön spielen die Zwei, meinen Sie nicht?!?" „Na, bitte: also – mein Hund ist doch nicht so eine Bestie wie Sie meinten. Und verspielt ist er anscheinend auch noch, trotz seines hohen Alters! Er hat „El Greco" seine Freundschaft angeboten, die er gleich annahm und das sie mit einem kurzen Spiel besiegelten."

Inzwischen kam „Arco" zu seinem Frauchen – etwas verlegen. „Mein Gott Arco! Hierher! Fuß! Arco: die Blamage, die du mir beschert hast!"

Gleichzeitig bekam er Leckerli, obwohl unverdient, aber er nahm es dankbar an und leckte als Dankeschön die Hand seines Fraulis. „El Greco" dagegen legte sich auf den Rücken, aus zweierlei Gründen: Erstens, die totale Unterwerfung gegenüber seinem Herrli und Zweitens – er erwartete gekrault zu werden, wie es schon öfters der Fall war. Frau Gerlinde wandte sich an Herrn Josef: „Sie, wie war Ihr Name?", „Josef", „Ah ja, Herr Josef!" „Nennen Sie mich „Josef", das gefällt mir besser." „Ja, Josef - übrigens mein Name ist Gerlinde – so viel Aufregung für Nichts und wieder Nichts. Entschuldigen Sie bitte meinen unfreundlichen Ton, Sie verstehen – ich hatte um Ihren Hund Angst. Arco konnte ja nichts passieren. Er wäre sowieso der Überlegene gewesen." „Entschuldigung angenommen. Eine Frage: Haben Sie morgen Nachmittag Zeit? Ich würde Sie gerne auf einen Kaffee einladen. Jetzt, wo sich unsere Hunde so gut verstehen." „Warum denn nicht? Gerne!" Sie tauschten die Telefonnummern aus und meinen Recherchen nach wurden die Zwei ein glückliches Paar. Ihr Glück haben sie „El Greco" und „Arco" zu verdanken.

Die Autorin

Petruta Ritter, in Rumänien geboren, besuchte in ihrer Heimatstadt Jorasti die Hauptschule. Nach weiteren vier Jahren Lyceum absolvierte sie drei Jahre lang eine Ausbildung zur ärztlichen Assistentin.

Durch ihre Heirat kam sie im Jahr 1976 nach Österreich. Das Schreiben faszinierte sie immer schon und bereits in frühester Jugend schrieb sie – ursprünglich in Rumänisch, später auch in Deutsch – ihre Eindrücke nieder.

Durch all ihre Bücher zieht sich wie ein roter Faden ihr Lebenselixier: die Liebe zur Natur.

Bisher veröffentlichte Bücher:

Gedichtband „Licht und Schatten",
Roman „Im Schatten des Glücks",
Gedichtband „Salzkammergutzauber",
Roman „Die erträumte Freiheit",
Gedichtband „Tränendes Herz",
Roman „Westwind",
Gedichtband „Weggabelung",
Roman „Jasminblüte",
Gedichtband „Zauber einer Frühlingsnacht",
Gedichtband „Seelenlandschaft",
Gedichtband „Sehnsucht nach ungekanntem Glück".